W0471633

C.L.R.

Janine et Jean-Claude Lucas
Jérôme Rosa
Professeurs des écoles

CM

650 exercices de grammaire et de conjugaison

Deux niveaux d'exercices pour l'aide personnalisée et l'approfondissement

hachette
ÉDUCATION

Comment utiliser cet ouvrage ?

Les exercices sont répartis en cinq grandes parties.

I **La phrase**
II **Les classes de mots**
III **Les fonctions**
IV **Le verbe**
VI **Les accords**

Au sein de chacune des parties, chaque chapitre est ainsi organisé :
– un bandeau « Aide-mémoire » ;
– une partie « Travail oral » qui pourra être menée collectivement ;
– une partie « Exercices » avec un codage permettant à chaque enseignant d'adapter le travail en fonction du niveau des élèves : le numéro de l'exercice sur fond clair indique un travail abordable dès le CM1 (ex. : 3), le numéro sur fond foncé indique un travail plutôt destiné aux élèves de CM2 (ex. : 14), une étoile derrière le numéro de l'exercice pointe un exercice un peu plus difficile au sein du niveau (ex. : ★ 7);
– une partie « J'écris... » qui propose un ou deux exercices de réinvestissement de la notion étudiée dans des activités d'expression écrite ;
– une partie « Je travaille seul(e) » composée d'un ou deux exercices corrigés en fin d'ouvrage. Ceux-ci, tout en encourageant une évaluation personnelle de la part de l'élève, favoriseront le travail en autonomie.

Responsable de projets : Valérie Dumur
Création de la couverture et maquette intérieure : Estelle Chandelier
Mise en page : SG Production
Illustrations : Caroline Hesnard

PAPIER À BASE DE FIBRES CERTIFIÉES
hachette s'engage pour l'environnement en réduisant l'empreinte carbone de ses livres. Celle de cet exemplaire est de : 900 g éq. CO_2
Rendez-vous sur www.hachette-durable.fr

ISBN : 978-2-01-117612-7
© Hachette Livre 2011, 43, quai de Grenelle, F 75905 Paris cedex 15
www.hachette.education.com

Tous droits de traduction, de représentation et d'adaptation réservés pour tous pays.
Le Code de la propriété intellectuelle n'autorisant, aux termes des articles L.122-4 et L.122-5, d'une part, que les « copies ou reproductions strictement réservées à l'usage privé du copiste et non destinées à une utilisation collective » et, d'autre part, que « les analyses et les courtes citations » dans un but d'exemple et d'illustration, « toute représentation ou reproduction intégrale ou partielle, faite sans le consentement de l'auteur ou de ses ayants droit ou ayants cause, est illicite ».
Cette représentation ou reproduction, par quelque procédé que ce soit, sans autorisation de l'éditeur ou du Centre français de l'exploitation du droit de copie (20, rue des Grands-Augustins, 75006 Paris), constituerait donc une contrefaçon sanctionnée par les articles 425 et suivants du Code pénal.

Préface

Cette nouvelle édition du *600 exercices de grammaire*, qui intègre désormais toute la partie **conjugaison**, est conforme aux programmes 2008. Cet ouvrage, comme chacun des titres de la collection :

– propose un **large éventail d'exercices** ;

– permet les acquisitions fondamentales comme les **activités de soutien** et d'**approfondissement** ;

– est compatible avec chaque méthode d'enseignement.

Ce livre **structure les acquisitions** en insistant sur les liaisons entre grammaire et expression. Il nous semble en effet indispensable de comprendre le fonctionnement de la langue pour maîtriser sa propre expression. L'enjeu est d'importance quand on sait qu'il ne peut y avoir de situation de communication sans un mode d'expression obéissant à des références communes.

Pour chaque notion étudiée, l'élève trouvera une **règle claire** avec un ou plusieurs exemples, suivie d'une sélection **d'exercices progressifs**.

Le livre du maître associé à l'ouvrage propose un texte d'introduction, la correction de tous les exercices et des exercices d'évaluation pour chaque notion abordée.

Les auteurs

Table des matières

I
LA PHRASE

Qu'est-ce qu'une phrase ?

Aide-mémoire

Une phrase est un **énoncé qui a un sens**.
Elle commence par une **majuscule** et se termine par un **point**.
Exemples : Il était environ cinq heures de l'après-midi.
Pourquoi le garçon marchait-il pieds nus ?

Certaines phrases peuvent ne pas contenir de verbe conjugué.
Exemples : Quel triste habillement !
Inutile de parler aussi fort.

Travail oral

1 Quels sont les énoncés qui ne veulent rien dire ?

a) Le champion de tennis a annoncé qu'il mettait fin à sa carrière.
b) Une sourde détonation retentit au fond de la mine.
c) Le partage du sens avait la mine en rassemblement.
d) Le drap de bain est décoré de motifs qui rappellent l'art indien.
e) L'avion supersonique avait posé dans le grenier ses billes sur le pré.

2 Remplace le mot en gras par le mot correct choisi dans la colonne de droite.

a) Il a triché, **ou** il a été puni.	pour – donc – sans
b) C'est un résultat **que** je suis heureux.	dont – qui – où
c) Il ne vient ici **sans** le samedi.	sauf – pas – que
d) Tu me donnes la carte **et** me manquait.	car – que – qui
e) Albi est la ville **dont** je suis né.	que – où – mais

Exercices

3 Les mots de chaque énoncé sont mélangés. Reforme une phrase avec chacun d'eux.

a) À cause de été, j'ai toi puni.
b) me Léa sont voir passés ne Arthur et pas.
c) le garagiste a été réparée par la voiture.
d) Baptiste qui était délicieux m'a donné un gâteau.

4 Modifie chaque énoncé afin qu'il devienne une phrase correcte.

a) Demain, tu passais me voir.
b) Nous devrons te trouver un remplaçant où tu es blessé.
c) Dans quelques jours, nous étions en vacances.
d) Coline le gâteau en six parts égales.
e) Du sommet du mont Ventoux peut découvrir un immense panorama.
f) Le Texas est un État que des États-Unis.

5 Remets, à chaque fois, les mots dans l'ordre pour faire une phrase.

a) l' / très / australienne / gagné / équipe / facilement / le / a / tournoi /.
b) Julien / cours / deux / prend / piano / des / fois / de / semaine / par /.
c) météo / de / sont / optimistes / les / la / pas / très / ne / prévisions /.
d) pars / mes / vacances / avec / parents / en / bord / au / mer / la / de / je /.

6 Indique, pour chaque phrase, si elle contient un verbe conjugué. Écris-le.

a) Le motard a dérapé sur la chaussée humide.
b) Impossible de sortir par ici.
c) Importantes inondations dans tout l'ouest de la France.
d) Facile victoire de l'équipe italienne.
e) La carte d'identité suffit pour voyager en Europe.
f) Ce soir, à vingt heures trente : dernière manche du tournoi d'échecs.
g) Ce tableau représente un paysage de Patagonie.
h) Nette domination du champion finlandais.

★ **7 Transforme ces phrases afin qu'elles contiennent un verbe conjugué.**

Exemple : Chaque jour, vérification des équipements.
➤ Chaque jour, on vérifie les équipements.

a) Découverte d'un œuf de dinosaure en Australie.
b) Récupération d'un trésor englouti.
c) Demain soir, remise des prix aux trois lauréats.
d) À Nantes, organisation des Journées pour l'Europe.

J'écris...

8 **Invente un titre de journal en faisant une phrase sans verbe. Rédige ensuite un texte de deux ou trois phrases verbales.**

Exemple :
SUPERBE VICTOIRE DE GABILOU LA GRENOUILLE
C'est Gabilou la célèbre grenouille qui a remporté le concours de saut des championnats de la grande mare. Elle a réalisé un incroyable bond à 128 mètres. Depuis, on la cherche !

Je travaille seul(e)

corrigé p. 217

9 **Modifie ou complète ces énoncés, si c'est nécessaire, pour avoir des phrases correctes.**

a) Lorsque la citerne sera remplie, il faudra la.
b) Il fallait une bonne dose de courage pour oser répondre.
c) Le présentateur du journal a comparé ce match de rugby.
d) Demain, nouvelle baisse des températures sur le nord de la France.
e) Pourquoi m'as-tu donné un ?
f) La descente se révélait extrêmement pentue.
g) La semaine dernière, Maxence m'a offert.
h) Quel curieux personnage !

10 **Indique, pour chaque phrase, si elle contient un ou plusieurs verbes conjugués. Écris-les.**

a) Nous pensions que vous arriveriez avant la nuit.
b) Voilà une bien curieuse façon de dire merci !
c) Boire ou conduire, il faut choisir.
d) Sur quel réseau votre téléphone portable fonctionne-t-il ?
e) Les catastrophes naturelles sont-elles prévisibles ?
f) Félicitations à l'ensemble du personnel.
g) Impossible d'ouvrir sans la clef.
h) Lorsque nous viendrons dans la région, nous vous téléphonerons.

Phrase simple et phrase complexe

Aide-mémoire

Une **phrase simple** contient **un seul verbe conjugué**.
Exemple : La nuit était encore très chaude.

Une **phrase complexe** contient **plusieurs verbes conjugués**.
Exemple : Samuel coupa le moteur et laissa filer la pirogue dans le courant.

Travail oral

11 Quels sont les verbes conjugués ? Donne leur infinitif.

a) Le football est un sport collectif.
b) Un énorme bateau est entré dans le port.
c) L'araignée s'installe au coin du mur et tisse sa toile.
d) Les éléphants se regroupèrent au centre de la clairière.
e) Le joueur espagnol a marqué un but et a levé les bras au ciel.
f) L'air était froid et de gros nuages traversaient le ciel.
g) Sur le marché, les touristes achètent des produits régionaux.

12 Indique, pour chaque phrase, s'il s'agit d'une phrase simple ou d'une phrase complexe.

a) Le Honduras est un pays d'Amérique centrale.
b) Pourquoi n'es-tu pas plus attentif ?
c) Le soleil brillait, la mer était belle et les bateaux glissaient dans la brise.
d) Pendant les vacances, je cours tous les jours sur le parcours sportif du bois des Grives.
e) Une pie se posa sur la pelouse et sautilla jusqu'à la porte.
f) Camille cria car elle avait mis le pied sur une punaise.
g) Voici la boîte où je range mes crayons.

Exercices

13 Indique, pour chaque phrase, s'il s'agit d'une phrase simple ou d'une phrase complexe. Justifie ta réponse en relevant les verbes conjugués.

a) Essaie de te concentrer sur ton travail.

b) Des centaines de livres s'alignaient sur les étagères de la bibliothèque.

c) Lève-toi et viens avec moi.

d) Nous essaierons de prendre le chemin le plus court.

e) Enzo tournait en rond et ne savait pas trop quoi faire.

f) L'entrée du magasin était décorée avec d'immenses papillons en papier.

g) Les coureurs du relais réussissent une course parfaite et savourent leur victoire.

14 Dans ce texte, recopie uniquement les phrases complexes.

Les nuages entre 2 000 m et 5 000 m

Les altostratus s'étendent souvent sur des surfaces de plusieurs centaines de kilomètres, formant un voile épais et grisâtre. Ils succèdent aux cirrostratus et apportent les premières chutes de pluie.

Les altocumulus sont des nuages en forme de galets, de couleur blanche ou grise. Ils annoncent souvent la pluie.

Les nimbostratus forment une épaisse couche nuageuse grise et informe qui assombrit le ciel et oblige à allumer les lumières dans les maisons. C'est le nuage typique de la pluie ou de la neige.

YVES COHAT, *Ne plus jamais s'ennuyer à la campagne*, © Éditions Gallimard Jeunesse, 2009.

15 Dans ce texte, relève deux phrases simples et deux phrases complexes.

Cet homme parlait peu. C'est le fait des solitaires, mais on le sentait sûr de lui et confiant dans cette assurance. C'était insolite dans ce pays dépouillé de tout. Il n'habitait pas une cabane mais une vraie maison en pierre où l'on voyait très bien comment son travail personnel avait rapiécé la ruine qu'il avait trouvée là à son arrivée. Son toit était solide et étanche. Le vent qui le frappait faisait sur les tuiles le bruit de la mer sur les plages. Son ménage était en ordre, sa vaisselle lavée, son parquet balayé, son fusil graissé, sa soupe bouillait sur le feu. Je remarquai alors qu'il était aussi rasé de frais, que tous ses boutons étaient solidement cousus, que ses vêtements étaient reprisés avec le soin minutieux qui rend les reprises invisibles.

JEAN GIONO, *L'homme qui plantait des arbres*, © Éditions Gallimard, 2002.

J'écris...

16 À partir de chaque groupe de verbes proposés, construis une phrase complexe.

Exemple : partager – partir

➤ Nous partageons notre goûter, puis nous partons vers la bibliothèque.

a) être – avoir

b) suivre – passer

c) lancer – attraper

d) débarrasser – laver – essuyer

17 Ouvre ton dictionnaire au hasard et note le premier verbe que tu trouves. Ouvre-le ensuite à une autre page et note encore le premier verbe que tu trouves.
Rédige maintenant une phrase complexe contenant ces deux verbes conjugués.

Je travaille seul(e)

corrigé p. 217

18 Dans ce texte, relève trois phrases simples et deux phrases complexes.

Et puis une nuit, la Vomille est venue. Je ne l'ai pas vue entrer. J'ai ouvert les yeux. Elle était assise, juste là, au pied du lit, trembloteuse, gélatineuse, sa grosse tête informe un peu penchée sur le côté, toute branlante. Elle posait sur moi un drôle de regard attentif et gourmand. Un filet de bavouillure sombre flic-floquait lentement sur les barreaux du lit. J'étais incapable de bouger. Je criais sans bruit dans ma tête. J'étais collé aux draps, toulourd, toumou.
Alors la Vomille a léchouillé ses grosses lèvres violettes, puis elle s'est lentement faufilée sous mon drap. J'avais beau essayer de la repousser avec mes pieds, elle continuait de me ramper dessus.

MARIE-SABINE ROGER, *À la vie, à la...*, coll. « Nathan poche 11 ans et +. C'est la vie ! »
© Éditions Nathan, 2005.

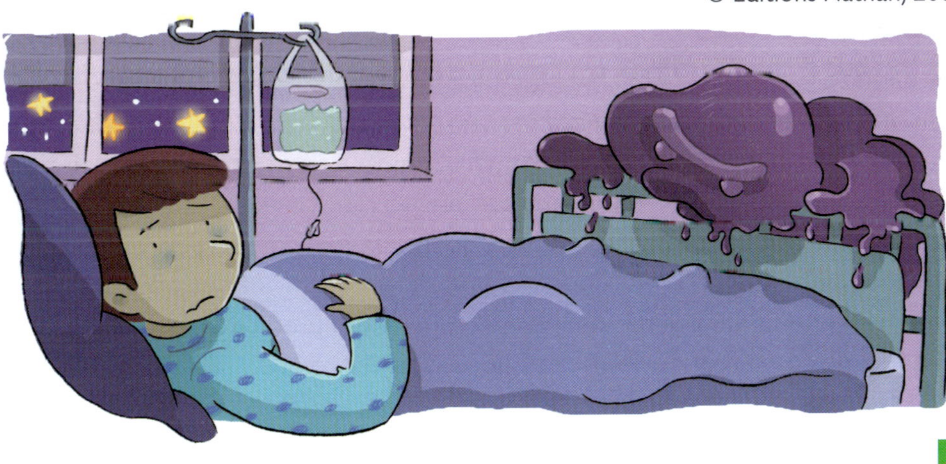

Les différentes propositions

Aide-mémoire

Une phrase simple est constituée d'une proposition.
Une proposition est formée d'un verbe conjugué et des groupes qui en dépendent (sujet, compléments, attribut).
Exemple : La pluie frappait violemment les vitres de la maison.

Une phrase complexe est constituée de plusieurs propositions.
Exemples :
Il chercha l'interrupteur près de la porte, le trouva et appuya plusieurs fois.
(1re proposition : Il chercha l'interrupteur près de la porte, — 2e proposition : le trouva — 3e proposition : et appuya plusieurs fois.)
Malou observait les canards qui glissaient sur l'étang.
(1re proposition : Malou observait les canards — 2e proposition : qui glissaient sur l'étang.)

Travail oral

19 Relève les verbes conjugués et indique le nombre de propositions de chaque phrase.

a) Une lumière s'alluma alors qu'il approchait de la maison.
b) Noah, émerveillé, regardait la mer pour la première fois.
c) Quand tu auras un peu de temps, tu passeras le voir.
d) En fin de saison, la plupart des joueurs sont fatigués.
e) L'entrée de l'ambassade était gardée par deux gendarmes.
f) Le silence se fit et le professeur prit la parole.
g) Le TGV Paris-Marseille aura quelques minutes de retard.
h) Le facteur rangea tout le courrier dans sa sacoche, enfourcha sa bicyclette et commença sa tournée.

20 Indique si chaque phrase est constituée d'une ou de plusieurs propositions.

a) Je connais la personne qui vient d'entrer.
b) L'enquête permit de découvrir d'autres indices.
c) Les îles d'Hyères abritent un parc naturel.
d) La traversée du Pelvoux est une course de montagne longue et éprouvante.
e) Il salua, puis il sortit.
f) Le changement de programme ne concerne que la première partie de la soirée.
g) Lequel de ces garçons a sonné et que voulait-il ?
h) C'est incroyable, et pourtant c'est vrai !

Exercices

21 Recopie ces phrases, souligne les verbes, puis sépare les propositions s'il y en a plusieurs.

a) Le taxi stoppe, charge son passager et repart aussitôt.
b) Plusieurs bus attendaient près du portail.
c) Nous t'apportons la carte qui te manquait.
d) Les nuages s'amoncellent, le ciel s'assombrit et la pluie commence à tomber.

22 Recopie ces phrases, souligne les verbes, puis sépare les propositions.

a) Manon est guérie et, demain, elle retournera à l'école.
b) La voiture ne roulait que depuis cinq minutes quand les deux enfants s'endormirent.
c) Nous avalons notre goûter, puis nous nous précipitons vers le stade.
d) Antoine essayait de faire démarrer son cyclomoteur, mais celui-ci ne voulait rien savoir.
e) Il se met à travailler avec ardeur pour étudier les dossiers qui se sont accumulés depuis qu'il est parti en vacances.

J'écris...

23 Écris une phrase simple et demande à un(e) camarade d'écrire une proposition commençant par parce que. Assemblez ensuite vos deux propositions. Vous obtiendrez une phrase grammaticalement correcte mais sûrement très fantaisiste !
Vous pouvez bien sûr recommencer en inversant les rôles...

Je travaille seul(e)

corrigé p. 217

24 Dans ce texte, relève deux phrases simples, une phrase complexe composée de deux propositions, enfin une phrase complexe composée de trois propositions.

M. Hoppy habitait un petit appartement, situé tout en haut d'un grand immeuble de béton. Il vivait seul. Il avait toujours été un homme solitaire, et maintenant qu'il avait pris sa retraite, il était plus seul que jamais.
M. Hoppy avait deux passions dans la vie. La première, pour les fleurs qu'il cultivait sur son balcon. Elles y poussaient dans des pots, des bacs et des paniers. L'été, sa petite terrasse éclatait de mille couleurs. La seconde passion de M. Hoppy était un secret qu'il gardait au plus profond de son cœur.

Roald Dahl, *Un amour de tortue*, trad. Henri Robillot,
© Roald Dahl Nominee Ltd., 1990, © Éditions Gallimard Jeunesse, 2002.

Les propositions indépendantes

Aide-mémoire

Les **propositions indépendantes** ne dépendent pas les unes des autres.

Exemple : Issam marche en forêt et observe les écureuils.

1re proposition indépendante (Issam marche en forêt) — 2e proposition indépendante (observe les écureuils)

➤ **Issam marche en forêt. Il observe les écureuils.**

Les propositions indépendantes peuvent être **coordonnées** : elles sont liées alors par une **conjonction de coordination** (mais, ou, et, donc, or, ni, car) ou par un **adverbe de liaison** (puis, cependant, alors...).

Exemple : Hugo attrapa son verre mais celui-ci lui glissa des mains.

Elles peuvent être **juxtaposées** : elles ne sont rattachées par aucun mot de liaison, mais seulement **séparées par une virgule**.

Exemple : Elsa mit la table, Quentin découpa le gâteau.

Travail oral

25 Quelles sont les phrases constituées de propositions indépendantes ?

a) Nous devions prendre ce bus, mais il a été annulé.
b) Emma indiquera l'endroit où ils sont cachés.
c) Mathis s'absente quelques jours, donc je prends sa place.
d) Le peintre nettoie ses pinceaux, les essuie, puis il les range dans une belle boîte.
e) Louis attrapa le chat gris et l'emporta dans la petite cabane au fond du jardin.
f) Tu enverras une lettre dès que tu seras arrivé.
g) Ines prendra la place que nous lui avons réservée.

26 Transforme ces propositions indépendantes juxtaposées en propositions indépendantes coordonnées en utilisant la conjonction de coordination car.
Attention ! Il est parfois nécessaire de changer l'ordre des propositions.

a) Je rentre à pied, mon vélo est crevé.
b) Tu as une angine, tu te couvres bien.
c) Il pleut, nous nous dépêchons.
d) Les moissonneurs s'activent, la nuit tombe.
e) Il y a grève des transports en commun, tu prends ta voiture.
f) Le temps était magnifique, la partie a été très agréable.

Exercices

27 Recopie uniquement les phrases constituées de propositions indépendantes.

a) Coupez les pommes en petits morceaux et mélangez-les avec la pâte.
b) Gaspard prétendait que les poules avaient des dents.
c) J'aime bien la natation, néanmoins je préfère le ski.
d) Cette victoire est vraiment celle dont je suis le plus fier.
e) Le facteur est passé tout à l'heure, tu n'étais pas là.
f) Le facteur est passé tout à l'heure quand tu n'étais pas là.

★ **28 Recopie uniquement les phrases constituées de propositions indépendantes.**

a) Pourquoi n'écoutez-vous pas les conseils que donne le guide ?
b) Assia tenait sa sœur par la main et elles sautèrent par-dessus le ruisseau.
c) Je t'ai acheté le blouson que tu avais essayé.
d) Le navire approchait du port et le capitaine fit monter le pilote à bord.
e) Nous entendons un bruit curieux, nous tournons la tête et apercevons un énorme tracteur.

29 Transforme les deux phrases simples en propositions indépendantes coordonnées en utilisant donc ou mais.

Exemple : Il se relève aussitôt. Il ne semble pas gravement blessé.
➤ Il se relève aussitôt, donc il ne semble pas gravement blessé.

a) Il est le plus fort. Il doit gagner.
b) J'accepte pour cette fois. Ne recommence pas.
c) Cette histoire est très drôle. Je ne l'apprécie guère.
d) La nuit tombe. Nous voyons moins bien.
e) Lise est ma sœur. Je suis le frère de Lise.
f) Cette choucroute est bonne. Elle est un peu trop salée.
g) Je connais cette chanson. Je ne reconnais pas l'interprète.
h) Il pleut beaucoup. Il hésite à sortir.
i) Je n'ai plus très faim. Je reprends du gâteau par gourmandise.
j) Vous étiez à la réunion hier soir. Vous avez dû le voir.

30 Pour chaque phrase, indique si la proposition en gras est juxtaposée ou coordonnée à l'autre proposition.

a) Nous irons à l'hôtel **ou nous dormirons sous la tente**.
b) Ils étaient deux, **ils étaient seuls au monde**.
c) Nous aimons l'aventure, **nous partons faire le tour du monde en vélo**.
d) Il est très doué en planche à voile **mais il ne sort pas avec un tel temps**.
e) Je note ce rendez-vous, **donc je ne l'oublierai pas**.

★ **31** **Dans ce texte, relève :**
– trois phrases simples ;
– deux phrases complexes contenant chacune deux propositions indépendantes coordonnées ;
– deux phrases complexes contenant chacune deux propositions indépendantes juxtaposées.

Mon idiote de sœur est rentrée du collège à ce moment-là mais je n'ai pas envie de raconter son arrivée. Le costume d'Aurélie était magnifique aussi. Le lendemain matin, elle l'a revêtu dès son arrivée à l'école. La classe entière a apprécié, la maîtresse l'a félicitée. Elle portait une belle robe blanche, drapée, retenue par une broche très dorée sur l'épaule, comme chez les anciens Grecs, quoi ! D'un geste élégant de la main, Aurélie soulevait délicatement ses longs cheveux et les laissait retomber, d'un seul coup, dans son dos. Elle avait dû beaucoup, beaucoup s'entraîner.
Samuel était moins bien et Charlie n'avait pas fait son Sphinx. En attendant, il avait emprunté des ailes de papillon roses à sa petite sœur. Pour la répétition, ça suffisait. Je ne lui ai pas fait de réflexion, tout le monde n'a pas la chance d'avoir une mère comme la mienne [...].

SOPHIE DIEUAIDE, *Œdipe schlac ! schlac !*, © Casterman, 2010.

J'écris...

32 **Avec un(e) camarade, choisissez l'un des thèmes ci-dessous :**

L'école – Les animaux – Le sport – La santé – Les vacances – La météo

Puis écrivez chacun une phrase simple. Coordonnez ensuite vos deux propositions indépendantes en utilisant et, mais, ou, donc, car ou puis.
Vous allez obtenir une phrase complexe certainement fantaisiste mais grammaticalement correcte !

Je travaille seul(e)

corrigé p. 217

33 Recopie les phrases composées uniquement de propositions indépendantes. Indique si elles sont coordonnées ou juxtaposées.

a) Les crêtes du massif de Barozes se reflétaient dans le lac et un groupe de randonneurs admirait le panorama.
b) Beurrez le moule, puis versez la préparation.
c) Prends ton vélo et va voir ton amie Alicia car elle te renseignera mieux que moi.
d) La forêt avait brûlé l'année précédente mais la vie n'avait pas disparu, car de nombreuses plantes s'obstinaient à reverdir.
e) La ville de Pont-Aven est célèbre pour les galeries de peinture qui parsèment ses rues.
f) Nous souhaitons que tu t'inscrives rapidement au concours.
g) Les filles voulaient aller au cinéma, les garçons préféraient la piscine.
h) Le client entra dans le magasin et demanda à voir de près l'appareil en vitrine.

Types et formes de phrases

Aide-mémoire

On classe les phrases en **quatre types**.
La **phrase déclarative** : on énonce, on déclare. Elle se termine par un **point** (.).
Exemple : Tu ranges ton pyjama.

La **phrase interrogative** : on pose une question. Elle se termine par un **point d'interrogation** (?).
Exemple : Ranges-tu ton pyjama ?

La **phrase injonctive** : on donne un ordre. Elle se termine par un **point simple** ou un **point d'exclamation** (!).
Exemples : Range ton pyjama. – Habille-toi vite !

La **phrase exclamative** : on s'exclame. Elle se termine par un **point d'exclamation** (!).
Exemple : Comme ton pyjama est bien plié !

Chaque type de phrase peut être de **forme affirmative** ou de **forme négative**.
Exemple : Pourquoi n'est-elle pas venue ?
➤ phrase interrogative de forme négative

Travail oral

34 Quel est le type de chaque phrase ?

a) Quelle est la destination de ce train ?
b) La partie de cartes était passionnante.
c) Il a acheté ce disque pour son frère.
d) Mais vous n'y pensez pas !
e) Arrêtez-vous.
f) À qui as-tu offert ce parfum ?
g) Le lundi, je ne mange pas à la cantine.
h) Quel extraordinaire paysage !
i) Vous devriez goûter ce délicieux gâteau.
j) N'achète pas cette crème solaire.
k) Avez-vous aimé ce concert de rock ?

35 Indique à quelle forme appartient chaque phrase de l'exercice précédent.

Exercices

36 Indique le type de chaque phrase.

a) La meilleure solution serait d'attendre.
b) Ta chambre n'est-elle pas encombrée de quantité de jouets ?
c) N'écoutez pas les mauvais conseils de ce monsieur.
d) Je n'envisage pas de renoncer à ce projet.
e) Viens.
f) Qui est le dernier sorti ?
g) Dans une minute, vous aurez la réponse.
h) Comme c'est bizarre !
i) N'êtes-vous pas le neveu de monsieur Simon ?
j) Voici bien une étrange affaire.

37 Indique la forme de chaque phrase de l'exercice 36.

38 Indique le type et la forme de chaque phrase.

Exemple : Vous ne semblez pas très patient !
➤ phrase exclamative de forme négative

a) Ce magasin est-il ouvert le dimanche ?
b) Les myrtilles sont des fruits rouges.
c) La ronce n'est-elle pas un arbuste à feuilles composées ?
d) Silence dans les rangs !
e) Le tigre vit dans les forêts vierges d'Asie.
f) Lequel est encore qualifié ?
g) La voiture démarra en trombe.
h) Les dinosaures pondaient-ils des œufs ?

39 Indique le type et la forme de chaque phrase.

a) Nous n'aurions jamais dû prendre ce raccourci.
b) N'est-ce pas une espèce en voie de disparition ?
c) Pardon ?
d) J'imagine difficilement la fin de l'histoire.
e) Quel gâchis !
f) Ne sors pas tout de suite.
g) Je n'apprécie guère les films fantastiques.
h) N'oublie pas le pain.
i) Il aurait dû arriver avant le dîner.

40 Dans ce texte, relève : une phrase injonctive, une phrase exclamative, une phrase interrogative, une phrase déclarative.

Le chat Gros Blair se déchaîna. Il se mit à courir, à sauter, à tourner en rond en essayant d'attraper sa queue.
– Oui, oui, dit La Puce en lui grattant le ventre (en général, ça le calmait), j'ai bien vu. Les empreintes du chat montrent la même anomalie que celles du tigre : la griffe en moins à la patte arrière gauche... C'est bien beau, seulement quel rapport peut-il y avoir entre un chat et un tigre ? ... Ce n'est pas vraiment le même format ! ... Il faut absolument savoir qui habite ici. Il n'y a rien nulle part, ni plaque, ni nom. Les volets sont fermés, mais je suis sûr que cette maison est habitée : le jardin est bien entretenu, les haies sont taillées, la pelouse bien verte... Gros Blair, débrouille-toi pour entrer et va renifler autour de la maison. Moi, je fais le guet.

SARAH COHEN-SCALI, *La Puce, détective rusé*, © Casterman, 2010.

J'écris...

41 Indique, pour chaque phrase, son type et sa forme, puis transforme-la comme c'est demandé.

Exemples : C'est une voiture française. ➤ phrase déclarative affirmative
En phrase interrogative négative ➤ N'est-ce pas une voiture française ?

a) La fin de l'histoire était prévisible. ➤ ...
En phrase interrogative négative ➤ ...
b) La fleur de l'hibiscus attire-t-elle les colibris ? ➤ ...
En phrase déclarative affirmative ➤ ...
c) Écoute ce disque. ➤ ...
En phrase injonctive négative ➤ ...
d) Aubin n'a-t-il jamais bu de cidre ? ➤ ...
En phrase déclarative négative ➤ ...
e) N'a-t-on jamais vu pareil spectacle ? ➤ ...
En phrase déclarative négative ➤ ...

42 **Modifie chacune des phrases en respectant les consignes données.**

Exemple : Nous sortons maintenant.
En phrase interrogative affirmative ➤ Sortons-nous maintenant ?
En phrase injonctive négative ➤ Ne sortons pas maintenant.
En phrase déclarative négative ➤ Nous ne sortons pas maintenant.

a) Que ces feuilles de nénuphar sont larges !
En phrase déclarative négative ➤ ...
En phrase interrogative négative ➤ ...
En phrase déclarative affirmative ➤ ...
b) Peux-tu m'envoyer un e-mail ?
En phrase injonctive affirmative ➤ ...
En phrase déclarative négative ➤ ...
En phrase interrogative négative ➤ ...
c) Vous mangez trop au dîner.
En phrase injonctive négative ➤ ...
En phrase interrogative affirmative ➤ ...
En phrase exclamative affirmative ➤ ...

Je travaille seul(e)

corrigé p. 217

43 **Donne le type de chaque phrase.**

a) Chloé tient sa fourchette dans la main gauche.
b) Ferme ton livre
c) Le skieur français a battu les meilleurs skieurs autrichiens.
d) Ma grande sœur s'est mariée.
e) Pourquoi avez-vous sonné ?
f) La tempête a détruit les récoltes.
g) Installez-vous près de la fenêtre.

44 **Écris les phrases précédentes à la forme négative.**

Synthèse 1

45 Parmi ces énoncés, indique ceux qui ne sont pas des phrases. Explique pourquoi.

a) Les travaux sur la place du marché entraîneront d'importantes perturbations pour la circulation.
b) Ce manuel des idées intéressantes.
c) Ce matin, conférence de presse du ministre de l'Agriculture.
d) Il n'y a aucune différence entre ta voiture.
e) Il serait quand même extraordinaire que je ne sois pas au courant !
f) La Déclaration des droits de l'homme est vieille de plus de deux siècles.
g) Je préfère les glaces à la vanille.
h) Non !
i) À ta place, je moquerais les aérations dans le vent.
j) Qui a dit « Le rire est le propre de l'homme » ?

46 Écris une phrase simple et une phrase complexe à l'aide de ces groupes nominaux.

le ciel – le conseil – la pluie – couvrent – se réunit – arrive – municipal – noirs – chaque mercredi – de gros nuages – et

47 Écris chaque énoncé en supprimant un mot pour qu'il ait un sens.

a) Pékin est dans la capitale de la Chine.
b) Sur la table, il reste peu quelques assiettes.
c) Ce sera un très beaucoup long voyage.
d) Jules n'utilise toujours des crayons mal taillés.
e) Ne mange plus ces bonbons sucre acidulés.

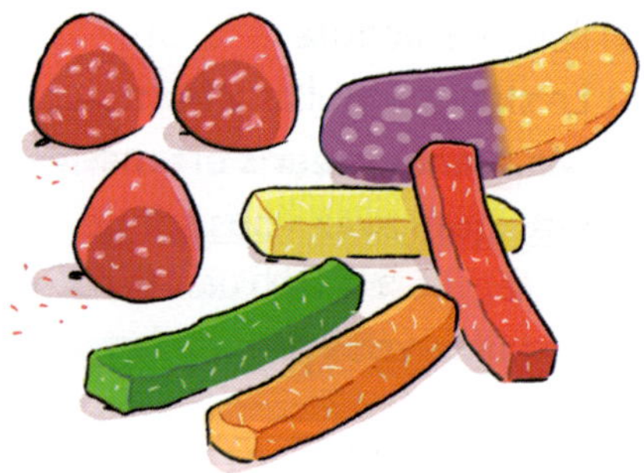

48 Indique, pour chaque phrase, s'il s'agit d'une phrase simple ou d'une phrase complexe.

a) Ce jeune chanteur a connu un succès immédiat dès son premier album.
b) Valentin lisait, Manon écoutait de la musique et Pauline reconstituait un puzzle.
c) Pour partir en vacances, nous préférons prendre le train de bonne heure le matin.
d) J'ai besoin de ta calculatrice pour vérifier toutes les opérations de ce problème.
e) Elle avait de grands yeux bleus qui bougeaient sans cesse.

49 Modifie chaque phrase complexe en plusieurs phrases simples.

a) Le lièvre écoute attentivement et s'enfuit au moindre bruit.
b) L'oiseau attrape au vol quelques moucherons, gobe quelques vers et revient se poser sur son nid.
c) Le cerf porte des bois immenses ; ils le rendent majestueux.
d) Les marcassins grognent en trottant à petits pas, fouinent dans le sol, se roulent dans la boue, mais restent groupés derrière leur mère.
e) Certains peuples sont nomades car ils ne vivent pas toujours au même endroit.

50 Indique, pour chaque phrase, son type et sa forme.

a) Que de bruit !
b) Ces maisons ne semblent pas construites en bois.
c) Qui demandez-vous ?
d) Ne retourne jamais dans cette maison en ruine.
e) Quelle superbe histoire d'aventures et d'amitié !
f) Les exercices de grammaire ne sont pas mon passe-temps préféré.
g) N'oublie pas de lui rendre son parapluie.
h) Pourquoi ne veux-tu plus regarder ce film ?
i) J'irai demain.
j) Aïcha aimerait peut-être venir avec nous.

51 Indique, pour chaque phrase, son type et sa forme.

a) Antoine écoute la leçon.
b) Prenez plutôt l'autoroute.
c) Ne prévoit-on pas une nouvelle sécheresse pour cet été ?
d) Quel artiste !
e) Le ministre n'a pas annoncé de conférence sur ce sujet.
f) Ayanuk était-il un chasseur de phoques réputé ?

52 Indique, pour chaque phrase, le nombre de propositions indépendantes qu'elle contient.

a) Le facteur ouvre la boîte aux lettres, prend le courrier et l'entasse dans sa sacoche.
b) J'aimerais bien écrire un roman.
c) Tu ramasseras toutes les feuilles sur ton bureau et tu les classeras dans ce dossier.
d) Une nuée d'oiseaux se précipita sur les miettes dispersées dans l'herbe.
e) Clémence fit le tour du lac en courant, puis rentra prendre son petit déjeuner.

53 À partir des deux phrases, écris une seule phrase comportant deux propositions indépendantes.

a) Le renard est tapi dans l'herbe. Il observe le mulot.
b) Curieusement, la lumière s'est tout d'un coup éteinte. La lumière s'est ensuite rallumée.
c) Lucky Luke a un chien. Le chien de Lucky Luke s'appelle Rantanplan.
d) Les tennismen entrent sur le court. Les spectateurs applaudissent.
e) La porcelaine est travaillée dans différentes régions du monde. On retrouve pourtant souvent les mêmes motifs.

54 Indique, dans chaque phrase, si les deux propositions indépendantes sont coordonnées ou juxtaposées.

a) Certains champignons sont mortels, il ne faut jamais cueillir un champignon inconnu.
b) Beaucoup de champignons des bois sont intéressants à regarder mais ne sont pas bons à manger.
c) Les hiboux ont deux petites touffes de plumes sur la tête, les chouettes n'en ont pas.
d) Certains oiseaux migrateurs font de très longs voyages car ils traversent tout un continent.
e) Les cigognes sont nombreuses en Alsace et elles partent à l'automne en Afrique.

★ **55 Dans ce texte, relève :**
– deux propositions indépendantes coordonnées ;
– deux propositions indépendantes juxtaposées.

Les mammifères à sabots sont presque tous herbivores. Les uns broutent en arrachant feuilles et jeunes pousses aux arbres et buissons, les autres paissent l'herbe. Comme les matières végétales sont peu digestibles, beaucoup ruminent. Ils se couchent après avoir mangé et, dans leur estomac, les bactéries commencent à dégrader la cellulose des plantes. Puis ils régurgitent et mâchent à nouveau pour libérer les nutriments.

La grande encyclopédie, trad. Sylvie Deraime, Manuel Boghossian, coll. « Les yeux de la découverte », © Éditions Gallimard Jeunesse, 2010.

La négation

Aide-mémoire

La **forme négative** d'une phrase s'exprime en **encadrant le verbe avec une négation** : ne (n') ... pas, ne ... plus, ne ... jamais, ne ... rien, ne ... aucun, ne ... personne...

Exemples : Kévin n'arrive pas à dormir. – Je n'ai vu personne ce dimanche.

(arrive : verbe ; ai vu : verbe)

Travail oral

56 Dans ce texte, quels sont les verbes à la forme négative ?

Astapaloona. C'est le prénom de ma sœur. Ne me demandez pas où mes parents ont trouvé ce prénom, je n'en sais rien. Mon père dit que dans notre ville, il a compté vingt-huit Dupont, mais qu'il est certain qu'il n'y a qu'une *Astapaloona Dupont* ! Je veux bien le croire car il n'a guère de chance de se tromper. En fait, moi aussi, je suis certain qu'*Astapaloona Dupont* est unique. Elle est unique... comment dire... ? À tout point de vue. Par exemple, *Astapaloona* n'a jamais vraiment aimé porter des chaussures mais à présent elle ne veut plus du tout en mettre. Par contre, elle adore les plumes et vous ne la verrez jamais sans deux ou trois plumes plantées dans sa chevelure. Je peux vous affirmer que lorsqu'elle est arrivée à l'école, pieds nus et avec des plumes dans les cheveux, il a fallu que mes parents fournissent quelques explications...

JEAN-CLAUDE LUCAS

57 Dans les phrases suivantes, relève les mots exprimant la négation.

a) Je ne veux rien.
b) Mes parents n'ont pas assisté au spectacle.
c) Nous n'avons vu personne.
d) Certains oiseaux ne supportent pas les températures trop basses.
e) N'oubliez pas d'apprendre vos leçons.
f) Ces arbres n'ont jamais donné de fruits.
g) Je n'ai eu aucune nouvelle de nos amis pendant les vacances.

Exercices

58 Recopie les phrases qui sont à la forme négative.

Je fronce le nez et j'ouvre des oreilles plus grandes que celles des mammouths. Le bruit suspect continue :
« Rrrrrrr... »
Je me demande de quoi il s'agit. D'un bébé tigre en train de ronfler, ou d'un diplododocus enrhumé, ou encore d'un terrifianpantroque en train de grincer des dents ?
Ne le répétez surtout à personne, mais j'ai presque, presque peur. Je n'ai plus tellement envie de me promener tout seul, de chasser la groseille géante ou la myrtille velue. Je préférerais me retrouver chez nous, dans notre caverne, à renifler la marmite de maman, ou à astiquer la massue de papa. Malheureusement, le bruit continue : « RRrrr... » Je transpire à grosses gouttes.

PAUL THIÈS, *Petit-Féroce n'a peur de rien*, coll. « Rageot romans », © Rageot, 2010.

59 Transforme ces phrases affirmatives en phrases négatives.

a) Le médecin consulte le samedi.
b) J'attends quelqu'un.
c) Il reste quelque chose dans le réfrigérateur.
d) Pierre et Clara iront au cinéma sans leurs parents.
e) Les coupes étaient rangées sur l'étagère.
f) Il m'a répondu quelque chose d'amusant.

60 Transforme ces phrases pour dire le contraire.

a) Mon frère a une voiture car il a appris à conduire.
b) Je jette toujours les papiers par terre.
c) Demande-lui de ses nouvelles.
d) Devant la maison, j'aperçois quelque chose.
e) La cérémonie est déjà commencée.
f) Arrache cette plante.

61 Réponds aux questions en utilisant la forme négative.

a) Vois-tu le soleil se coucher derrière la colline ?
b) Ce tapis est-il en coton ?
c) Le Japon est-il un pays d'Europe ?
d) Les arbres ont-ils tous perdu leurs feuilles ?
e) Marie et toi, avez-vous rencontré quelqu'un ?
f) Fait-elle toujours sécher son linge à l'extérieur ?
g) Les enfants croyaient-ils devoir se lever tôt ?
h) Nous tromperons-nous encore de chemin ?
i) Tirera-t-on un feu d'artifice pour la fête du village ?
j) Le hockey sur glace est-il un sport individuel ?

J'écris...

62 Écris un petit texte, qui pourra être très fantaisiste, à partir de phrases complexes constituées de deux propositions indépendantes coordonnées par mais.
La première proposition utilisera la forme affirmative, la seconde la forme négative.

Exemples : J'adore les tartes aux fraises bleues mais je n'aime pas les tartes aux radis noirs.
J'écoute toujours les conseils de la fée Brigouille mais je n'écoute jamais les avis du dragon Dingue.

Je travaille seul(e)

corrigé p. 217

63 Transforme ces phrases affirmatives en phrases négatives.

a) Je vois quelqu'un dans la cour.
b) Envoie-moi une carte postale.
c) Harry a encore attrapé un rhume.
d) Nous avons toujours un problème pour fermer cette fenêtre.
e) Il y a plein de poissons dans le bassin.

L'interrogation

Aide-mémoire

La phrase interrogative pose une question.
À l'écrit, elle se termine par un point d'interrogation (?).
Pour poser une question, on peut utiliser :
– l'intonation (à l'oral) ➤ Tu manges ?
– le sujet inversé ➤ Manges-tu ?
– la locution Est-ce que ➤ Est-ce que tu manges ?
– des pronoms interrogatifs ➤ Quand manges-tu ? Que manges-tu ?

Une phrase interrogative peut être à la forme négative.
Exemple : Blandine n'a-t-elle pas répondu à ta lettre ?

Travail oral

64 Lis chaque question, puis la réponse qui correspond.

Cet écureuil est-il farouche ? •	• Un peu.
Pourquoi est-il en retard ? •	• Non, il est en panne.
À quelle heure dînes-tu ? •	• Je préfère les chats.
Son téléviseur fonctionne-t-il ? •	• Avec mon professeur.
Aimes-tu les chiens ? •	• Non, nous irons en Allemagne.
As-tu faim ? •	• Non, il est apprivoisé.
Irez-vous en Angleterre ? •	• Il est parti trop tard de chez lui.
Avec qui parlais-tu ? •	• Non, elles sont habillées chaudement.
Ont-elles froid ? •	• À 19 h 30.

65 Interroge un camarade en lui posant des questions à l'aide de chacun des mots suivants.

où – quand – comment – pourquoi – qui

66 Pose des questions pour demander :

a) à un camarade s'il aime le chocolat noir.
b) à ton enseignant s'il y a piscine vendredi prochain.
c) à ton père s'il jouera aux échecs avec toi cet après-midi.
d) à ta sœur si elle a réussi son examen.
e) à un voisin où il part en vacances cette année.

Exercices

67 Transforme ces phrases en phrases interrogatives de trois manières comme dans l'exemple.

Exemple : Tu marches très vite.
➤ Tu marches très vite ? Marches-tu très vite ? Est-ce que tu marches très vite ?

a) Il rêve d'être astronaute.
b) Nous voudrions un ordinateur pour Noël.
c) Vous faites beaucoup de sport.
d) Les pompiers se dirigent rapidement vers l'incendie.
e) Le skieur descendait à toute vitesse.

68 Transforme ces phrases en phrases interrogatives, comme dans l'exercice 67.

a) Marine étudie à l'Université.
b) Les vacanciers se plaignaient du mauvais temps.
c) Je prendrai mon temps.
d) Maxime et Clément préparent un exposé.

69 Pose ces questions d'une autre manière.

a) Tu viens faire du VTT avec moi ?
b) Tu sais où se trouve la ville de Tokyo ?
c) Votre chat est angora ?
d) Nous ferons une grande randonnée ce week-end ?

70 À l'aide du mot interrogatif en vert, pose la question correspondant à la réponse.

Exemple : Le bateau retourne au port. ➤ Où le bateau retourne-t-il ?

a) La fête a lieu au château. Où ... ?
b) Aurélie passe par la rue des Érables. Par où ... ?
c) Il est 4 heures. Quelle ... ?
d) Ce soir, je vais au théâtre. Quand ... ?
e) Il fabrique un cerf-volant avec du bambou. Avec quoi... ?
f) Vous travaillez dans un club de sport. Où ... ?
g) Nous viendrons vous rendre visite bientôt. Quand ... ?
h) Il conduira lentement. Comment ... ?
i) Il a peint le tableau du salon. Quel ... ?

71 **À l'aide du mot interrogatif en vert, pose la question correspondant à la réponse.**

a) Ils partiront demain, vers 18 heures. **Quand** ... ?
b) Ces roses coûtent 2 € pièce. **Combien** ... ?
c) Fatou dessine superbement. **Comment** ... ?
d) Les Inuits construisent des igloos avec de la neige gelée. **Avec quoi** ... ?
e) Il a choisi le plus petit morceau de tarte. **Quel** ... ?
f) La foule s'est rassemblée sur la place. **Où** ... ?

★ **72** **Retrouve les questions qui ont pu être posées pour obtenir ces réponses.**

a) L'exercice est dans ce livre de grammaire.
b) C'est Caroline qui a gagné le cross des élèves de CM2.
c) Le 13 juillet au soir, nous serons en vacances.
d) Nicolas s'est blessé sur les rochers.
e) Cet hiver, nous irons aux sports d'hiver à La Clusaz.
f) J'ai eu une très bonne note en histoire.
g) Elles iront à leur cours de danse en vélo.
h) Mon prénom est Lisa.
i) J'ai appris la nouvelle par mon cousin.
j) Le plus haut sommet des Alpes est le mont Blanc, qui culmine à 4 808 m.

★ **73** **En utilisant qu', qui ou que, retrouve les questions qui ont pu être posées pour obtenir ces réponses.**
Les questions doivent porter sur l'expression en vert.

Exemple : Nous prenons un comprimé contre le mal de tête.
➤ Qu'est-ce que vous prenez contre le mal de tête ?

a) J'observe **un chevreuil** au loin.
b) Elle cache **une bague** dans sa main.
c) J'ai aperçu **ta cousine** à la boulangerie.
d) Nous attendons **mon oncle** pour partir.
e) Il entend **quelqu'un** marcher à l'étage.
f) Elle a aperçu **quelque chose** dans le buisson.
g) J'ai vu **Arnold** sur la place de la mairie.
h) **Swann** répondra à votre courrier.
i) Maeva et moi avons vu **l'exposition d'aquarelles**.
j) Hugo et toi avez lu **cette bande dessinée**.

★ **74** **Pose des questions à l'aide de chacun des mots suivants.**

qui – avec qui – comment – pourquoi – combien – quel – quels – quelle – que – où

75 **Écris ces phrases interrogatives à la forme négative.**

a) Prends-tu le bus pour aller au lycée ?
b) Avez-vous vos billets pour Marseille ?
c) Le ciel est-il menaçant ?
d) Les touristes vont-ils visiter la basilique ?
e) As-tu reçu un coup de téléphone ?
f) Les Stéphanois ont-ils perdu le match ?

76 **Écris ces phrases interrogatives à la forme négative.**

a) Veux-tu écrire au tableau ?
b) Finirez-vous ce travail dans les temps ?
c) Sait-elle nager ?
d) Ce pilote de course est-il rapide ?
e) Médor obéit-il à son maître ?
f) Est-ce Christophe Colomb qui a découvert l'Amérique ?
g) Avez-vous entendu ce drôle de bruit ?

★ **77** **Mets les phrases interrogatives à la forme négative (varie les négations utilisées : ne ... pas, ne ... jamais, ne ... plus...).**

a) Est-ce lui qui repart ?
b) Cours-tu plus vite que lui ?
c) Le lion poursuit-il sa proie ?
d) Pleut-il encore ?
e) A-t-on bien mangé dans ce restaurant ?

★ **78** **Transforme ces phrases afin qu'elles soient interrogatives de forme négative.**

a) Certains animaux ne sont pas protégés.
b) Il ne reste pas plus de 4 000 ours à lunettes dans la nature.
c) Le panda ne trouve plus rien à manger.
d) Les pieds de la panthère des neiges ne s'enfoncent pas dans la neige.
e) La chasse à la baleine n'est pas suffisamment réglementée.

J'écris...

79 Utilise quand, qui, qu'est-ce que, avec qui, pour poser des questions correspondant à la phrase suivante.

Demain, Marie ira avec ta sœur voir le dernier film de Walt Disney.

80 Utilise qui, où, combien, qu'est-ce que, pour poser des questions correspondant à la phrase suivante.

Dans ce vieux coffre, Tom a trouvé une dizaine de cartes postales de la Première Guerre mondiale.

★ **81 En n'oubliant pas les formules de politesse, pose de deux façons différentes une question pour :**

a) demander le chemin de la mairie.
b) demander à ton camarade si ce livre est intéressant.
c) demander l'heure.
d) demander à ton cousin de te prêter sa console de jeux.

Je travaille seul(e)

corrigé p. 217 et 218

82 Transforme ces phrases en phrases interrogatives de trois manières. Pour l'une des phrases, tu ne pourras faire que deux transformations. Pourquoi ?

a) Nous apprendrons à utiliser la boussole.
b) Nous ne sommes que des amateurs.
c) Je prends la route qu'il m'a indiquée.
d) Ils seront les premiers servis.

83 Pose la question correspondant à chacune des réponses.

a) C'est ma sœur qui a acheté les billets d'entrée.
b) Ce pain au chocolat coûte un euro.
c) Ma grand-mère a soixante-deux ans.
d) C'est avec Jade que j'ai joué au tennis.
e) Il prépare une randonnée à l'île de la Réunion.

L'injonction

Aide-mémoire

Une **phrase injonctive** permet de donner un **ordre**, un **conseil**, d'**exprimer** une **interdiction**. Elle peut se terminer par un **point** ou un **point d'exclamation** (**!**). Son **verbe** est le plus souvent **conjugué à l'impératif**.

Exemples : Éteignez les lumières. – Partons à sa recherche.
N'oublie pas tes lunettes !

Certaines phrases interrogatives ou déclaratives peuvent avoir une valeur injonctive.

Exemples : Voulez-vous enfin avancer ? ➤ Avancez !
Je veux que tu sortes. ➤ Sors.

Travail oral

84 Quelles sont les phrases injonctives ?

a) Il y avait un grand papier autour du tableau.
b) Pourquoi ne parle-t-il pas plus fort ?
c) Ne me parle plus de lui.
d) Passez nous voir cette semaine.
e) Faites attention à la marche.
f) Ces champignons ne me plaisent pas.

85 À partir de chacun des verbes suivants, forme des phrases injonctives.

prendre – appeler – boire – nettoyer – écouter

Exercices

86 Transforme ces phrases en phrases injonctives.

Exemple : Vous devriez sortir dans la cour. ➤ Sortez dans la cour.

a) Tu devrais baisser le son de ton lecteur MP3.
b) Nous ne devrions pas prendre ce chemin.
c) Vous ne devriez pas manger autant de bonbons.
d) Tu ne devrais pas écrire au stylo rouge.
e) Nous ne devrions pas photographier ici sans autorisation.
f) Vous devriez vous laver les mains.
g) Tu devrais parler moins fort.
h) Vous devriez lire toute la notice.

87 Parmi les phrases suivantes, recopie uniquement les phrases injonctives.

a) Qui a frappé à la porte ?
b) C'est absolument incroyable !
c) Ne pose pas tout sur la table !
d) Le temps n'est pas favorable à la promenade.
e) Venez par ici.
f) Habille-toi chaudement avant de sortir.
g) Je ne comprends rien à cette histoire.
h) Vous ne doutez de rien.

★ **88 Dans ce texte, relève deux phrases ayant une valeur de phrases injonctives.**

Félix m'a envoyé son coude dans le ventre :
– Voilà notre sorcière !
– On l'espionne ou non ?
Je n'ai pas hésité :
– Oui, on la suit !
Ils voulaient la preuve que la nouvelle était une sorcière, ils auraient le contraire ! On a laissé Priska s'éloigner un peu et, dès qu'elle a tourné le coin de la rue, j'ai donné le signal :
– O.K., les gars, on fonce !

PAULE BRIÈRE, *Une sorcière dans la classe*, coll. « J'aime lire », Bayard Jeunesse, 2005.

J'écris...

89 Écris une phrase injonctive pour :

a) emprunter son stylo rouge à ton voisin.
b) indiquer à quelqu'un de ne pas emmener son chien sur la plage.
c) conseiller à des voyageurs de s'éloigner du bord du quai.
d) demander à un camarade d'arrêter de crier.
e) conseiller à un enfant de ne pas lire en voiture.

90 **Complète cette lettre fantaisiste en utilisant des phrases injonctives amusantes.**
N'oublie pas, pour terminer ta lettre, d'ajouter une formule de politesse.

Mon cher Fantominus,
Cette nuit, comme je te l'avais promis, je te laisse la maison pour la venue de Tante Grimassux et d'Oncle Colèrix. Je te rappelle simplement quelques consignes qui leur feront vraiment apprécier ta compagnie.
– Chatouille les pieds de Tante Grimassux à chaque fois qu'elle s'endort.
– Cache-toi dans le frigo juste avant qu'ils ne préparent le dîner.
– ...

Je travaille seul(e)

corrigé p. 218

91 **Parmi les phrases suivantes, recopie uniquement les phrases injonctives.**

a) Nous arriverons vers 9 heures.
b) Je cherche un gonfleur pour le matelas pneumatique.
c) C'est un carnet d'adresses.
d) Le micro était-il resté branché ?
e) Lisez attentivement les cinq premières phrases.
f) L'enveloppe était déchirée dans un coin.
g) Avant de vendre votre voiture, attendez une nouvelle proposition.
h) Avec ce brouillard, conduis avec prudence.
i) C'est curieux de vous retrouver ici !

92 **Écris des phrases injonctives pour signifier l'interdiction de :**

a) circuler à vélo.
b) se pencher à la fenêtre.
c) courir au bord de la piscine.
d) camper sous les arbres.
e) cueillir des fleurs.

L'exclamation

Aide-mémoire

La **phrase exclamative** exprime avec force un **sentiment**, une **émotion** : la joie, la tristesse, l'émerveillement, la surprise, la colère... Elle se termine par un **point d'exclamation** (!).
Exemple : C'est vraiment insupportable !

La phrase exclamative peut être construite sans verbe.
Exemples : Quel courage ! – Quelle histoire incroyable !

Travail oral

93 Quel est le sentiment exprimé par chaque phrase exclamative ? Lis chaque phrase en mettant l'intonation correspondante.

a) Le niveau de l'eau monte ! **(la tristesse – la passion – la peur)**
b) Tu t'actives un peu ! **(la joie – l'impatience – la tendresse)**
c) Mais je n'y suis pour rien ! **(une mise en garde – une protestation – une inquiétude)**
d) Incroyable ! **(la peur – la stupéfaction – le dégoût)**
e) Voilà une décision scandaleuse ! **(la joie – l'impatience – la colère)**
f) Nous partons au Canada ! **(l'angoisse – la joie – la surprise)**

94 Utilise des phrases exclamatives pour dire :

a) que tu es content(e).
b) qu'il fait froid.
c) qu'il faut faire attention à ce chien.
d) que les vitrines de Noël sont féeriques.
e) que tu as trop mangé.
f) que ce nouveau dessin animé est bien fait.

Exercices

95 En ne modifiant que la ponctuation, transforme ces phrases en phrases exclamatives. Lis-les en leur donnant l'intonation convenable.

a) Je n'étais pas prévenu.
b) Maintenant, elle s'intéresse au football.
c) Où as-tu rangé ton vélo encore ?
d) Quelle histoire avez-vous inventée ?
e) Vous mangez avec les doigts.

96 **Ne recopie que les phrases exclamatives.**

a) En voilà des façons !
b) Reste ici !
c) Qui a posé cette question ?
d) Bizarre, vraiment bizarre !
e) Le Soleil apparaît.
f) Mais… c'est du beurre !
g) Ne te lève pas sans cesse !
h) Quelle solution est la bonne ?
i) Je vous l'avais bien dit !
j) Silence !

97 **Ne recopie que les phrases qui te paraissent exclamatives en ajoutant le point d'exclamation.**

a) Stop
b) Pourquoi ne t'arrêtes-tu pas
c) Cet enfant est-il sage
d) Évite de manger des bonbons
e) J'adore ce film
f) Attention, ne fais pas ça
g) Sera-t-il présent
h) Non, non et non, je n'y toucherai pas

98 **Transforme ces phrases déclaratives en phrases exclamatives comme dans l'exemple.**

Exemple : Florian se lave les mains. ➤ Florian se lave les mains !

a) Axel et sa sœur se chamaillent.
b) Virginie joue au rugby.
c) Monsieur Robert change de voiture.
d) Maeva regarde un dessin animé chinois.
e) Stéphane et Quentin portent un costume.
f) Juliette a été reçue à l'examen.
g) Thibault n'a pas encore répondu à l'invitation.

★ **99** **Transforme ces phrases déclaratives en phrases exclamatives de trois manières comme dans l'exemple.**

Exemple : Elle est sage.
➤ Comme elle est sage ! Qu'elle est sage ! Quelle sagesse !

a) Il est courageux.
b) Ils ont de la chance.
c) Tu es déçu.
d) Elle est belle.
e) Elles sont joyeuses.
f) Je m'amuse.
g) Ils sont jeunes.
h) Tu es poli.

100 **En utilisant que et comme, transforme ces phrases déclaratives en phrases exclamatives.**

Exemple : Vincent est grand.
➤ Que Vincent est grand ! Comme Vincent est grand !

a) Cette valise est lourde.
b) Le temps semble orageux.
c) Ce problème me donne du mal.
d) Les visiteurs sont nombreux aujourd'hui.
e) Cet homme paraît âgé.
f) La forêt est sombre.

★ **101** **Transforme ces phrases déclaratives en phrases exclamatives comme dans l'exemple.**

Exemple : Ce livre est impossible à lire. ➤ Voilà un livre illisible !

a) Cette réponse est impossible à comprendre.
b) Cette histoire est impossible à croire.
c) Cette faute était impossible à voir.
d) C'est un obstacle que l'on ne peut contourner.
e) Ce film est totalement sans intérêt.

J'écris...

102 **Tu viens d'ouvrir la porte de cette chambre. Imagine quelques phrases exclamatives que tu pourrais prononcer.**

Je travaille seul(e)

corrigé p. 218

103 **Quel est le sentiment exprimé par chaque phrase exclamative ?**

a) C'est un peu fort ! **(l'inquiétude – la passion – la stupéfaction)**
b) C'est immangeable ! **(le dégoût – l'impatience – la peur)**
c) Attention au trou ! **(une mise en garde – une protestation – une inquiétude)**
d) Quel saut phénoménal ! **(la joie – la colère – l'admiration)**
e) Tu pourrais te dépêcher un peu ! **(la joie – l'impatience – l'incompréhension)**
f) Mais, c'est Arthur qui est là ! **(la colère – l'admiration – la surprise)**

★ **104** **Dans ce texte, des points ont été remplacés par un carré. Recopie-le et place la ponctuation manquante.** **Il y a cinq points d'exclamation.**

« Alors, demanda Léo, il est parti □
– Oui, il est parti, avoua Thomas... Qu'il aille au diable □
– Et son vélo □
Thomas haussa les épaules :
– Il l'a laissé... Bon sang, tout ça devait arriver □
– Qu'allons-nous faire maintenant □
– Je ne sais pas □ Nous n'avons pas beaucoup de solutions...
Thomas regarda par la fenêtre □ Après un long moment de silence, il se retourna vers son frère :
– Et puis, tant pis □ Je crois que maintenant la seule chose à faire est d'attendre □
Léo sourit :
– Malheureusement, oui □ Alors, attendons □ »

JEAN-CLAUDE LUCAS

La proposition subordonnée relative

Aide-mémoire

La **proposition subordonnée relative** apporte une **précision** au nom qui la précède (son antécédent).
Elle peut également compléter le sens d'une autre proposition qu'on appelle alors la proposition principale. La proposition subordonnée n'a généralement pas de sens sans la proposition principale.

La **proposition subordonnée relative** est **introduite** par un **pronom relatif** : qui, que , quoi, dont, où, lequel, laquelle, lesquels...

Exemples : Aline surveille la tarte qui est dans le four.

la tarte : antécédent — qui est dans le four : proposition subordonnée relative

Je vais voir ce film dont je t'avais parlé.

ce film : antécédent — dont je t'avais parlé : proposition subordonnée relative

Travail oral

105 Identifie, dans chaque phrase, la proposition subordonnée relative et indique le nom qu'elle précise.

a) Lucas recopiera le texte que tu as écrit.
b) Je me suis offert le téléphone dont je rêvais.
c) Tiphaine prendra la place que nous lui avons réservée.
d) Je t'ai acheté le blouson que tu avais essayé.
e) Le maire s'adressa aux personnes qui étaient dans la salle.
f) Nous aimerions trouver un camping où passer des vacances au calme.

106 Complète chaque proposition à l'aide d'une proposition subordonnée relative.

a) Le chat observe l'oiseau ...
b) Le peintre nettoie les pinceaux ...
c) Emma attrape le cochon d'Inde ...
d) Nous avons visité le bateau ...
e) Nous avons goûté cette tarte ...
f) Il est inutile d'appeler le vendeur ...
g) Mes parents ont fait le tour de l'île...
h) Akim s'inscrit dans le club de badminton...
i) Je te présente la maison ...

Exercices

107 Recopie chaque phrase et souligne la proposition subordonnée relative. Entoure le nom qu'elle précise.

a) Ne devrais-tu pas noter les remarques que fait le contrôleur ?
b) Je te rends le crayon que tu m'avais prêté.
c) Les sommets se reflétaient dans le lac qui s'étalait à leurs pieds.
d) Demande à Maxime, lequel te renseignera mieux que moi.
e) Je te donne la clé du local où j'ai rangé la table.

108 Recopie chaque phrase. Sépare les différentes propositions et souligne la proposition subordonnée relative quand il y en a une.

a) Si vous me le demandez, je ferai la recherche sur Internet.
b) L'incendie semblait maîtrisé, mais les pompiers restaient vigilants.
c) Peux-tu attraper la boîte qui est sur l'étagère ?
d) Laura tenait sa sœur par la main pour qu'elle traverse le ruisseau.
e) Tu m'enverras le CD dont je t'ai parlé hier.

109 Recopie seulement les phrases qui ont une proposition subordonnée relative. Entoure le pronom relatif.

a) Épluchez les pommes, puis coupez-les en fines lamelles.
b) Je te présente ma cousine, laquelle a entendu parler de tes exploits.
c) Tous tes exercices sont justes, tu peux passer à autre chose.
d) Donne ton ticket à la personne qui est à l'entrée.
e) Qui a pris la photo qui est accrochée sur ce mur ?

★ **110 Recopie chaque phrase en séparant les différentes propositions et souligne la proposition subordonnée relative.**

a) Robert enfila son manteau et attrapa la casquette qui était posée sur la chaise.
b) Si cela ne vous ennuie pas, nous reprendrions bien un peu de la tarte que vous avez préparée.
c) L'ours sortit du couvert des arbres, il huma l'air aux alentours, puis s'approcha lentement de l'appât que les gardes avaient déposé.
d) Je connais la personne qui vient d'entrer, mais je ne me rappelle plus son nom.
e) Dylan regardait l'endroit où Lola devait l'attendre, mais il n'apercevait personne.

★ **111** **Ce texte contient trois propositions subordonnées relatives. Retrouve-les et recopie-les.**

Ce sont les aborigènes qui sont les premiers habitants de l'Australie. Ils sont venus d'Asie il y a plus de 40 000 ans.
Il y a un peu plus de deux siècles, l'arrivée des premiers blancs a été pour eux une catastrophe. Les colons ont pris leurs terres et les ont repoussés de plus en plus loin dans le désert. Ils ont été chassés et les survivants ont été parqués dans des réserves, comme des animaux. Les aborigènes ne sont reconnus en tant que citoyens australiens que depuis 1967. On leur a restitué des terres mais toujours dans des endroits qui sont désertiques.
Enfin, en février 2008, le nouveau Premier ministre s'est excusé devant le Parlement, au nom du peuple australien, pour les crimes qui ont été commis par le passé envers les aborigènes.

J'écris...

112 **Écris une liste de six noms précédés d'un déterminant à partir de l'un des thèmes ci-dessous :**

Les plantes – La mer – La montagne – Les métiers – L'histoire – Les sports

Complète ensuite chaque groupe nominal par une proposition subordonnée relative. Donne ensuite *un titre* à ton texte (qui pourra être fantaisiste...).

Exemples (La météo) :
La journée des grenouilles
Un nuage qui court dans le ciel.
La pluie dont j'espère la venue.
Le soleil dont j'espère le retour.
Une tornade qui emporte un lutin.
...

Je travaille seul(e)

corrigé p. 218

113 **Recopie seulement les phrases qui ont une proposition subordonnée relative. Entoure le pronom relatif.**

a) Le fermier observait son champ qui était totalement inondé.
b) Tu pourras sortir dès que tu auras fini ton goûter.
c) Savez-vous où est passée la lettre que j'ai reçue ce matin ?
d) Le renard était tapi dans l'herbe et observait le mulot.
e) Tu peux choisir le sac qui te plaît, mais ne le prends pas trop petit.

Synthèse 2

114 Transforme ces phrases en phrases négatives. (Attention aux temps composés !)

a) Les élèves ont récité leur poésie ce matin.
b) L'ouragan a-t-il ravagé les récoltes ?
c) Sur la table de chevet, la lampe avait été éteinte.
d) Les deux amis avaient déjà visité ce monument.
e) Un éléphant s'avança vers le groupe de touristes.
f) Le courage leur avait souvent manqué.
g) Il a photographié toutes les personnes présentes.
h) Ils auront certainement rencontré quelqu'un sur le chemin du retour.
i) Les feuilles avaient encore été ramassées.
j) Quelques fleurs avaient résisté au froid.

115 Pose chaque question de deux autres façons.

a) Tu possèdes un lapin domestique ?
b) Nous saurons nous orienter dans New York ?
c) Harry Potter est un personnage imaginaire ?
d) Les chauves-souris hibernent dans des grottes ?
e) Les ourses polaires nourrissent longtemps leurs petits ?
f) Le renard est un animal rusé ?

116 Écris trois questions que tu poserais :

a) à un nouvel élève de ta classe.
b) à un astronaute.
c) à un camarade au sujet du roman qu'il lit.
d) à tes parents sur vos prochaines vacances.

★ **117 À l'aide du mot interrogatif en vert, pose la question correspondant à la réponse.**

a) Mes cousins arriveront demain. **Quand** ... ?
b) Je ne peux te proposer qu'une seule réponse. **Combien** ... ?
c) J'irai au stade avec Anthony. **Avec qui** ... ?
d) Il ne sait pas ce qu'elle voulait dire. **Que** ... ?
e) Nous avons gagné ces deux récompenses : un diplôme et une médaille. **Quelles** ... ?

★ **118 Pose une question pouvant correspondre à chacune des réponses.**

a) Je pense partir au Canada par cet organisme.
b) Pas avant huit heures.
c) Cette cathédrale date du XIVe siècle.
d) Nous avons découvert cette histoire par le plus grand des hasards.
e) C'est un Suisse totalement inconnu qui a remporté cette course cycliste.

119 Transforme ces phrases déclaratives en phrases interrogatives comme dans l'exemple.

Exemple : Vous visiterez Lisbonne.
➤ Est-ce que vous visiterez Lisbonne ? Visiterez-vous Lisbonne ?

a) Les journalistes ont relaté longuement cet événement.
b) Il te donne rendez-vous devant le cinéma.
c) La façade du bâtiment sera nettoyée au début de l'an prochain.
d) Simon saura répondre à cette question.

★ **120 Pour chaque phrase, trouve le plus possible de questions.**

a) Dans deux heures, Laura répondra aux questions du jury.
b) Christophe a passé dix jours à la montagne, cet hiver.
c) Élise et Coline ont organisé ce rallye touristique.

121 Transforme ces phrases interrogatives à la forme négative.

a) La lettre que j'ai reçue vient-elle de New York ?
b) Le skieur dévale-t-il la pente ?
c) Les alpinistes sont-ils partis sans le guide ?
d) Le satellite a-t-il repéré les naufragés ?
e) Arriverons-nous au refuge avant la nuit ?
f) Avez-vous eu beaucoup de neige ?
g) Les pistes étaient-elles encombrées ?
h) Pourrai-je reprendre le télésiège encore une fois ?
i) Partirons-nous ensemble en excursion ?

★ **122 Transforme ces phrases déclaratives en phrases interrogatives de forme négative.**

a) Armelle n'a jamais trouvé de travail en province.
b) La situation risque de se dégrader rapidement.
c) Le train est le mode de transport le plus sécurisant.
d) Votre frère a-t-il toujours du mal à parler en public ?

123 **Transforme ces phrases déclaratives en phrases injonctives.**

Exemple : Vous devriez manger moins vite. ➤ Mangez moins vite.

a) Tu devrais écrire à tes grands-parents.
b) Il serait préférable que nous sortions discrètement.
c) J'aimerais beaucoup que tu roules moins vite.
d) Tu ne devrais pas écrire au stylo-plume.
e) Il serait souhaitable que vous rentriez avant la nuit.

124 **Dans ce texte, relève les phrases injonctives.**

Dans la grande salle, pendant que les hommes passent l'après-midi à jouer aux cartes, aux échecs ou aux dés, Thibaut se tient près d'une fenêtre et regarde tomber la pluie. Le bruit des gouttes se mêle à celui des chansons qu'entonnent, dans leur chambre, les dames brodant une tapisserie. Thibaut s'exerce à reconnaître, parmi tous les timbres de voix, celui, si clair, d'Éléonore.
Torticolis s'approche alors discrètement de lui.
« Maître, je vous donne un conseil. Ne restez pas dans ce château. »
Thibaut s'esclaffe.
« Tu veux que je m'éloigne de Raoul et d'Éléonore. Ce serait abandonner sagesse pour folie.
– Méfiez-vous de Rosamonde. »
Thibaut fait une petite moue incrédule.
« Je ne vois pas pourquoi. Elle est très gentille et courtoise avec moi. »

ODILE WEULERSSE, *Le chevalier au bouclier vert*, © Le Livre de Poche Jeunesse, 2007.

★ **125** **Transforme ces phrases en phrases exclamatives comme dans l'exemple.**

Exemple : Ils sont patients.
➤ Qu'ils sont patients ! Comme ils sont patients ! Quelle patience !

a) Elles sont persévérantes.
b) Tu t'entends bien avec elle.
c) Vous vous amusez bien.
d) Il est très énervé.
e) Rayan est descendu rapidement.
f) Elle aime jouer.

126 **Transforme ces phrases en phrases interrogatives, puis en phrases exclamatives comme dans l'exemple.**

Exemple : Il est grand.

➤ Est-il grand ? Comme il est grand ! *ou* Qu'il est grand !

a) L'hôtel de ville est bien illuminé.
b) C'est une belle histoire.
c) Ce tableau est remarquable.
d) Le sol devient glissant.
e) Samuel a de la fièvre.
f) Le patineur semble planer au-dessus de la glace.

127 **Recopie seulement les phrases qui ont une proposition subordonnée relative. Entoure le pronom relatif.**

J'achèterai bien le livre qui est en vitrine.
Nous ne sortirons pas ce matin, car il pleut beaucoup trop.
Nous avons entendu un jeune chanteur dont les textes sont très drôles.
Il est totalement inutile de recopier l'ensemble du texte.
Helena ne veut surtout pas salir le survêtement qu'on lui a offert.

★ **128** **Dans ce texte, relève deux propositions subordonnées relatives.**

Depuis des mois que je vivais sous ce toit, je n'avais jamais pénétré dans le domaine de Cosimo. C'était une pièce carrée sur laquelle rien ne se détachait. [...]
« Melania..., appela le malade d'une voix angoissée.
– Ouiii... Je suis là.
– Melania », répéta Cosimo dans un souffle.
Je m'approchai, tremblant. Le visage jaune du maître était encadré de mèches grises qui ressemblaient à une toile d'araignée.
La servante me tendit une bassine ébréchée. « Tiens ça », me dit-elle.

PILAR MOLINA LLORENTE, *Le petit peintre de Florence*,
trad. M.-J. Lamorlette, © Le Livre de Poche Jeunesse, 2007.

II
LES CLASSES DE MOTS

Les différentes classes de mots

Aide-mémoire

Quelle que soit sa place dans la phrase, un mot appartient toujours à la même classe grammaticale, c'est sa nature.

Exemples : chien est un nom, aboyer est un verbe.

Les différentes classes de mots sont :
les noms : eau, kangourou, Australie...
les déterminants : une, les, sa, cet, leur...
les adjectifs qualificatifs : grand, sec, chaud...
les pronoms : elle, ils, on...
les verbes : être, avoir, manger, atteindre...
les adverbes : bien, trop, rapidement...
les prépositions : dans, sur, vers...
les conjonctions : et, ou, donc...
les interjections : ah !, oh !, hop !...

Lorsqu'on hésite sur la nature d'un mot, il suffit de le remplacer par un autre plus simple dont on connaît la classe.

Exemple : cette statue représente un exceptionnel travail.
exceptionnel ➤ important, grand, beau ➤ adjectif qualificatif

Travail oral

129 Lis chaque phrase en remplaçant chaque mot en gras par un autre, plus simple. Indique sa nature.

a) Le **percussionniste** jouait sur une **calebasse**.
b) Mon père est très **casanier** et n'aime pas quitter **sa demeure**.
c) Le **panonceau** indiquait que l'**exhibition** aurait lieu sur la place du château.
d) Le **monarque** s'avançait dans la **nef** au milieu d'une foule **bigarrée**.
e) Sous la chaleur extrême du centre de la **métropole**, **les pèlerins** étaient **amorphes**.

130 Lis chaque phrase en remplaçant chaque adjectif en gras par un autre, plus simple.

a) Alexandre est particulièrement **flegmatique**.
b) Cette branche est trop **flexible** pour faire un bâton de marche.
c) **Sournois**, le chat le griffa dès qu'il eut le dos tourné.
d) Très en colère, Hugo attrapa les clés d'un geste **impétueux**.
e) La veste du pauvre homme était tout **élimée**.

131 Chasse l'intrus de chaque liste. Justifie ton choix.

a) rallumer – produire – union – étendre – conserver
b) malin – patient – grand – bleu – couleur
c) son – elle – cette – ma – une – des
d) joli – savane – épée – tableau – accord
e) beaucoup – très – trop – chaleur – plus – moins

Exercices

132 Recopie en remplaçant chaque verbe conjugué par un autre, plus simple. Le sens de la phrase peut changer mais elle doit rester correcte.

a) Nous **attribuons** le premier prix à Edgar.
b) Ce portrait **correspond** à la description que tu en as faite.
c) Nous **aiguillonnons** le cheval et il **s'élance** aussitôt.
d) Le petit barrage **se rompit** sous la vague.
e) Océane **pestait** contre toutes les voitures mal garées.

133 Indique la classe grammaticale de chaque mot en gras.

– Monsieur, **riposta** le capitaine Smollett, je ne voudrais pas vous **offenser**, mais je vous **dénie** le droit de me faire dire des choses que je n'ai pas dites. Pas un capitaine, monsieur, n'aurait le droit de prendre la mer s'il était fondé de penser une **telle** chose. Quant à M. Arrow, je le crois **honnête**, et il n'est pas le seul, pour ce que je sais, ils le sont peut-être tous. Mais je suis **responsable** de la sécurité du **navire** et de la vie de chacun à bord. Il me semble que les choses ne vont pas tout à fait droit et je vous demande de prendre certaines **précautions**. C'est tout.

Robert Louis Stevenson, *L'île au trésor*,
trad. Michel Laporte, © Le Livre de Poche Jeunesse, 2007.

134 Recopie les phrases en indiquant, sous chaque mot en gras, la classe à laquelle il appartient.

a) L'**Alaska** est un État américain.
b) Les hommes **préhistoriques** dessinaient souvent sur les **parois** des grottes.
c) Les **vieux** chiffons **servaient** à **fabriquer** du papier.
d) **César** emprisonna Vercingétorix et le **fit** exécuter dans **sa cellule**.
e) L'éléphant d'Afrique **vit** généralement dans la **savane**. Il mange des **brindilles**, des herbes, des **petites** branches, des feuilles. Il les arrache avec sa trompe.

★ **135 Complète chaque couple de phrases avec le même mot et indique la nature de celui-ci.**

a) Je ne sais pas me servir d'une ... .
La ... était rangée dans un tiroir.
b) Annecy est une ville ... .
Une ... exposition a lieu ici l'année prochaine.
c) C'était un spectacle extrêmement ... et nous avons bien ri.
Une ... affiche avait été placée sur la porte vitrée.
d) Je refuse absolument de ... ma collection de boîtes de thé !
... la maison semblait la seule chose à faire.
e) Je suis certain que Nathan va avoir ... ennuis.
... feuilles jaunies parsemaient l'allée du parc.

★ **136 Dans ce texte, relève les verbes conjugués. Recopie le texte en les conjuguant au futur simple. Identifie également un verbe à l'infinitif et remplace-le par un autre verbe.**

On s'installait dans une vallée paisible, bordée de collines que Cousin Gris pensait infranchissables. On y restait une semaine ou deux, et il fallait s'enfuir à nouveau. Les hommes ne se décourageaient jamais. Depuis deux lunes, c'était toujours la même bande qui traquait la famille. [...]
Flamme Noire ouvrait la procession, immédiatement suivie de Loup Bleu. Puis venaient Paillette et les rouquins. Et Cousin Gris, enfin, qui effaçait les traces avec sa queue. On ne laissait jamais de traces. On disparaissait complètement.

DANIEL PENNAC, *L'œil du loup*, © Éditions Nathan, 2002.

J'écris…

137 **Invente une phrase commençant par Ce matin, j'aimerais… en respectant la construction :**

verbe à l'infinitif + déterminant + nom + adjectif qualificatif.

Exemples : Ce matin, j'aimerais entendre une musique agréable.
Ce matin, j'aimerais manger des fruits délicieux.

138 **Écris un prénom. À partir de ce prénom, écris ensuite une phrase comme dans l'exemple. Indique ensuite à quelle classe appartient chaque mot.**

Exemple : Paul

Pierre	achète	une	loupe.
nom	verbe	article	nom

Je travaille seul(e)

corrigé p. 218

139 **Chasse l'intrus de chaque liste. Justifie ton choix.**

a) user – nettoyer – poulailler – regarder – mélanger
b) sage – inquiétant – malheureux – sagesse – minuscule
c) sable – vêtement – étoile – couverture – vraiment
d) je – elle – moi – tu – ma – nous

140 **Indique, pour chaque mot en gras, s'il s'agit d'un nom ou d'un adjectif qualificatif.**

Je pus voir alors que c'était comme moi un homme **blanc**, et que ses **traits** n'étaient pas **désagréables**. Sa peau était **tannée**, même ses lèvres étaient noires et ses yeux bleus surprenaient dans une **figure** si sombre. De tous les **mendiants** que j'avais vus ou imaginés, il était le prince par ses **haillons**. Il était revêtu de **lambeaux** de vieille toile à voile et de vieux cirés ; et son **extraordinaire** costume d'**arlequin** tenait par un système d'attache aussi **divers** que **bizarre** : boutons de **cuivre**, **lien** d'osier, nœuds de **filin** goudronné. Autour de la taille, il portait une vieille ceinture de cuir à boucle de cuir, qui était la seule partie **solide** de son **accoutrement**.

Robert Louis Stevenson, *L'île au trésor*,
trad. Michel Laporte, © Le Livre de Poche Jeunesse, 2007.

Le nom

Aide-mémoire

Les noms sont des mots qui désignent des personnes, des animaux, des objets, des idées. Le nom est généralement précédé d'un déterminant.
Exemples : une coiffure, la ville, les Pyrénées.

Un nom peut être un nom commun ou un nom propre, masculin ou féminin, singulier ou pluriel.
Exemple : des chapeaux ➤ nom commun, masculin, pluriel.

Travail oral

141 Dans le texte suivant, relève tous les noms.

Les feuilles – Ce sont des laboratoires qui produisent la nourriture de l'arbre grâce à la photosynthèse. Sous l'action du soleil et grâce à la chlorophylle (un pigment qui fait que les feuilles sont vertes), elles fabriquent de la sève à partir de l'eau, que l'arbre puise dans le sol, et du gaz carbonique de l'air. La sève permet à l'arbre de grandir.
Par leur transpiration, les feuilles régulent la quantité d'eau que l'arbre pompe dans le sol. C'est aussi souvent grâce à elles que l'on identifie les espèces d'arbres.

Yves Cohat, *Ne plus jamais s'ennuyer à la campagne*, © Gallimard Jeunesse, 2009.

142 Pour chaque phrase, relève les noms, puis indique si ce sont des noms communs ou des noms propres.

a) Les arbres sont les plus grandes des plantes.
b) Nathan et Antoine surveillent leurs adversaires.
c) Le commissaire mène une enquête difficile.
d) Tous les garçons jouent à la course au trésor.
e) Romain et Sarah écrivent une carte à leur grand-mère.

143 Dans cette liste de mots, ne relève que les noms, puis définis-les comme dans l'exemple.

Exemple : les cultures ➤ nom commun, féminin, pluriel

Natacha – dedans – jolie – la sortie – le lampadaire – les recettes – grand – Bordeaux – chanter – blanc – les Alpes – l'entrée – des téléphones – peu – la malnutrition – le Luxembourg – découvrir – les cyclones – terriblement

Exercices

144 Recopie ces phrases, puis souligne en bleu les noms communs et en rouge les noms propres.

a) Demain, dimanche, le temps sera ensoleillé.
b) À l'horloge du couloir, il est exactement quatorze heures.
c) Mon oncle Christophe visite l'île d'Oléron.
d) Le rayon des jouets se trouve au premier étage du magasin.
e) Après le déjeuner, Léo et Anaïs se rendront au cinéma de Millau.

145 Recopie ces phrases, puis souligne les noms et leurs déterminants.

a) Au début de l'automne, les oiseaux migrateurs partent vers les pays chauds.
b) Nous avons loué un petit appartement à La Rochelle.
c) Les voyageurs somnolent, car ils sont épuisés par la chaleur qui règne dans le bus.
d) À Noël, les commerçants décorent leurs vitrines.
e) Ces bateaux ne quitteront pas le port, car une tempête menace.

146 Recopie ce texte, puis souligne en bleu les noms communs et en rouge les noms propres.

Durant le mois d'août, Julie et Jamel sont partis en vacances dans les Alpes. Le temps fut superbe, les paysages grandioses. Ils ont découvert les nombreux lacs du massif de Belledonne. Ils sont rentrés à Angoulême avec de merveilleux souvenirs.

147 Recopie ces groupes nominaux, puis souligne en bleu les noms communs et en rouge les noms propres.

le massif du Mont-Blanc	le chien d'Alexandre	la vallée du Rhône
le roi Louis XI	le pont d'Avignon	le port du Havre
la ville de Paris	le chat Patoun	le jambon de Bayonne
le nougat de Montélimar	la moutarde de Dijon	les bêtises de Cambrai

148 Classe ces groupes nominaux en deux colonnes : groupes nominaux masculins et groupes nominaux féminins.

la lessive	le noyau	la démocratie	un côté	des casques
des barrières	un moucheron	l'animal	une fiche	le parfum
des pirates	des découvertes	Stéphanie	le courage	le Rhône

149 Relève les noms communs de ces phrases et classe-les en deux colonnes : noms singuliers et noms pluriels.

a) Mélangez le sucre, la farine et les amandes avec un peu d'eau parfumée à la fleur d'oranger.
b) Le vendeur proposait un prix très intéressant pour les noix, la salade et plusieurs variétés de tomates.
c) Avant le mètre, on mesurait les longueurs en pouces, en pieds et en lieues, mais ces mesures n'avaient pas partout la même valeur.
d) Chaque jour, les articles de journaux abordent les différents sujets de l'actualité : la politique, l'économie, la culture, les sports...
e) Les algues, les mousses et les champignons sont les plus anciens végétaux que l'on trouve sur la Terre.

★ **150 Relève chaque nom et définis-le comme dans l'exemple.**

Exemple : maison ➤ nom commun, féminin, singulier

Cette grande maison du début du siècle est entourée de pins maritimes et offre une vue imprenable sur la mer. Vous pourrez y déjeuner sur la terrasse ou dans la salle à manger aux baies vitrées. Le calme est total et la cuisine très raffinée. Les spécialités sont l'escalope de saumon au vinaigre de framboise et la cassolette de moules au safran.

★ **151 Relève chaque nom et définis-le comme dans l'exercice précédent.**

Visite en Picardie – Trois cents hectares de jardins s'étendent au cœur de l'agglomération d'Amiens. Ils sont parcourus par 55 kilomètres de petits canaux. La découverte de ce site ne s'effectue qu'en barque. Les hortillonnages sont d'anciens marais composés à l'origine de treize bras de la Somme et de fossés.

J'écris...

152 Invente un poème en complétant chacun de ces débuts de phrases par une liste de noms (tu as également le droit aux déterminants et aux prépositions mais seulement à cela !)
Ton texte n'a pas besoin d'être réaliste... laisse faire ton imagination !

J'ai regardé le ciel et j'ai vu ...
J'ai plongé dans la mer et j'ai entendu ...
J'ai traversé la forêt et j'ai senti ...
J'ai visité le monde et j'ai touché ...

Exemple : J'ai regardé le **ciel** et j'ai vu **des étoiles**, **douze lunes de miel**, **un avion sans réaction**, **une hirondelle**, **un oiseau des îles**, **une fée**, **un chameau à plumes**...

Je travaille seul(e)

corrigé p. 218 et 219

153 Recopie chaque nom et définis-le comme dans l'exemple.

Exemple : rencontres ➤ nom commun, féminin, pluriel

a) Les rencontres auront lieu dans la grande salle du gymnase de Brioude.
b) La Brière, avec ses marais, est un lieu de vie privilégié pour de nombreuses espèces d'oiseaux.
c) Au buffet de ce restaurant, le choix est impressionnant.
d) Cet itinéraire nous dévoile toutes les curiosités historiques et les paysages de la Bourgogne.

154 Dans ce texte, relève chaque nom et définis-le comme dans l'exercice précédent.

Poil de Carotte saute du lit, va se débarbouiller, sans savon, dans l'auge du jardin. Elle est gelée. Il doit en casser la glace, et ce premier exercice répand par tout son corps une chaleur plus saine que celle des poêles. Mais il feint de se mouiller la figure, et, comme on le trouve toujours sale, même lorsqu'il a fait sa toilette à fond, il n'ôte que le plus gros.

JULES RENARD, *Poil de Carotte*.

Le verbe

Aide-mémoire

Le verbe est un mot qui exprime :
– ce que fait le sujet ; c'est un verbe d'action ;
Exemple : La fleuriste prépare un bouquet.

– ce qu'est le sujet ; c'est alors un verbe d'état.
Exemple : La fleur est une plante.
Les verbes d'état sont : être – devenir – sembler – paraître – avoir l'air...

Quand le verbe n'est pas conjugué, il est à l'infinitif.
Exemples : mâcher – remplir – tordre

Un verbe conjugué varie selon le sujet et le temps de la phrase.
Exemple : je parle – tu parles – tu parlais – les enfants parleront

Travail oral

155 Lis seulement les verbes.

rire – la chaise – ce – écriture – vrai – dévorer – marcher – un cahier – grand – ma – fermier – partir – livres – rêveries – une affaire – livrer – les – partie – temps – je – reposer – une – mordre – virgule – appel – travail – calme – presser – tranquille – vers – laine – notre – un classeur – les – nuages – pencher – la – panier – les gelées – l'étrange – rôtir

156 Dans ce texte, relève les verbes. Indique s'ils sont conjugués (donne alors leur infinitif) ou à l'infinitif.

Avec un sourire indulgent, maman me passe la main dans le cou et me caresse la nuque.
« Vous vous êtes encore chamaillés ?
– Elle rechigne sur tout, m'envoie balader dès que je lui dis la moindre chose, me traite de tous les noms... C'est pénible ! Elle n'a même pas voulu goûter.
– Tu manques de patience avec elle, dit papa. Il ne faut pas la prendre à rebrousse-poil, mais plutôt la raisonner, lui expliquer...
– Le déménagement l'a perturbée, reprend maman. Donne-lui le temps de s'habituer à sa nouvelle vie. Tu verras, dans quelques jours, ça ira mieux ! »
Rien n'est moins sûr, mais allez discuter avec des entêtés pareils ! Ils sont persuadés que leur fille est la huitième merveille du monde...

GUDULE, *Ne vous disputez jamais avec un spectre*, © Le Livre de Poche Jeunesse, 2007.

157 Donne l'infinitif de chaque verbe conjugué.

il est	j'observe	nous avons	il dit
ils vont	tu descends	vous peindrez	tu dors
vous grandissez	nous nettoyons	vous avez vu	je comprends
nous mettons	vous suivez	elle essaiera	nous choisissons
vous faites	elles mentent	elles sourient	tu es né

Exercices

158 Relève les verbes conjugués et donne leur infinitif.

a) En forêt, j'écoute le bruissement des feuilles.
b) Pour observer les chamois, il faut partir avant le lever du soleil.
c) Un insecte est un animal invertébré articulé qui possède des pattes et parfois des ailes.
d) Le jardinier s'occupe de l'entretien des espaces verts.
e) On greffe les arbres pour obtenir des plantes qui n'existent pas dans la nature.
f) Demain, nous assisterons à un concert en plein air.
g) Tu liras attentivement la notice et tu m'en feras un rapide résumé.

159 Recopie ce texte et souligne les verbes conjugués. Vérifie ton travail en mettant le texte au présent.

C'est qu'elle n'avait peur de rien, la Blanquette. Elle franchissait d'un saut de grands torrents qui l'éclaboussaient au passage de poussière humide et d'écume. Alors, toute ruisselante, elle allait s'étendre sur quelque roche plate et se faisait sécher au soleil.

ALPHONSE DAUDET, *La chèvre de M. Seguin.*

160 Recopie ce texte, puis souligne en bleu les verbes conjugués et en rouge les verbes à l'infinitif.

Dans le massif alpin, l'itinéraire pédestre traverse des territoires particulièrement sensibles qui peuvent être victimes de leur succès. En effet, chaque année, on constate une augmentation du nombre de randonneurs qui les traversent. Respectons-les, faisons-les respecter pour qu'ils restent accueillants et reposants, pour que tous puissent en profiter en toute intelligence avec ceux qui y vivent : agriculteurs, forestiers, bergers.

161 **Donne l'infinitif de chaque verbe conjugué.**

tu admets	nous participons	ils sont venus	je recevais	tu vas
elle courut	nous accueillerons	ils meurent	j'avais servi	elles sauront
nous serons	nous craignons	elles peuvent	je veux	elles prirent

★ **162** **Recopie ce texte, puis souligne en bleu les verbes conjugués et en rouge les verbes à l'infinitif.**

Allongé sur la couverture du lit, Thibaut, les mains sous la tête et les yeux grands ouverts, écoute les bruits de la rue : chansons des jongleurs, martèlements des pieds des danseurs, cris des hommes qui sortent de la taverne, fous rires des femmes. Comment font-ils, ces chevaliers, pour avoir le cœur à se divertir la veille d'un tournoi ? Lui ne cesse de s'inquiéter, puis de se remémorer toutes les feintes, attaques et parades des plus brillants jouteurs. Comment se conduira-t-il demain, face aux plus preux et aux plus renommés ? Saura-t-il tenir son rang ? Et surtout se battra-t-il plus longtemps et plus vaillamment que Foulque de Montcornet ? Puis, fatigué de toutes ces questions sans réponses, il s'endort.

ODILE WEULERSSE, *Le chevalier au bouclier vert*, © Le Livre de Poche Jeunesse, 2007.

★ **163** **Recopie ces phrases, puis indique si les mots en gras sont des verbes ou des noms.**

a) Je n'ai pas peur du **travail**, alors je **travaille** beaucoup.
b) Dans la chambre, le **réveil** sonne et Saloua se **réveille** en sursaut.
c) Il y a une **mouche** dans le sucre qui **fond** dans ma **tasse**.
d) De quand **date** la facture qu'elle **classe** ?
e) Le joueur **court** sur le **court** de tennis.
f) Aude se **mouche** bruyamment.
g) Intimidé, Pierre se **tasse** dans le fauteuil.
h) Le soleil **pointe** le bout de son nez à la **pointe** de la montagne.
i) Du **fond** de la **classe**, je ne vois pas la **date** au tableau.

164 **Dans ce texte, relève les verbes conjugués et donne leur infinitif. Relève ensuite le verbe à l'infinitif et conjugue-le au présent de l'indicatif.**

L'*Homo Sapiens* apparaît voilà 40 000 ans. Son nom signifie « l'homme qui sait ». Il est identique en tout point à nous-mêmes. Grand chasseur, il suit les troupeaux de bouquetins, de rennes, de bisons, de chevaux sauvages, d'aurochs. Pendant les périodes de réchauffement, il est possible de passer de la Sibérie à l'Alaska : le détroit de Béring est alors à sec. L'*Homo Sapiens* envahit le monde et conquiert l'Amérique. L'*Homo Sapiens* est un artiste : il dessine, peint et sculpte sur les parois des cavernes.

J'écris…

165 **Complète la phrase Aujourd'hui, dit …, je dois … avec ce que va faire chaque personnage :**

la sorcière Véru – Tim le lutin – la princesse Orkéa – Sloop le sportif

en utilisant uniquement des verbes à l'infinitif.

Exemple : Aujourd'hui, dit le roi Gamelon, je dois gouverner, batailler, diriger, punir, écouter, entendre, dormir, paresser, postillonner, rêvasser…

Je travaille seul(e)

corrigé p. 219

166 **Relève les verbes conjugués de ce texte et donne leur infinitif.**

Allan marchait sur le sentier depuis deux heures, et, sur ses épaules, son sac à dos balançait doucement au rythme de ses pas. Il progressait régulièrement, sous le couvert des sapins, et, quelquefois, par une trouée, il apercevait les minuscules maisons du village. Bientôt, il arriva aux alpages et, dans un ultime effort, il parvint au col. Là, devant lui, s'étalaient les mille nuances de la forêt automnale. Il resta un long moment à contempler ces couleurs frémissantes, puis, brutalement saisi par le froid de l'altitude, il regagna l'abri des arbres.

Jean-Claude Lucas

Les déterminants

Aide-mémoire

Les déterminants précèdent les noms. Ils apportent des indications sur le genre et le nombre de ces noms.
Exemples : la classe – ma mère – ce tableau

On classe les déterminants en différentes catégories :
– les articles : le, la, les, un, une, des, du, au, aux.
– les déterminants possessifs : mon, ton, ta, ses, notre, leur...
– les déterminants démonstratifs : ce, cet, cette, ces.
– les déterminants interrogatifs : quel, quelle, quels...
– les déterminants indéfinis : chaque, plusieurs, quelques, tous...
– les déterminants numéraux : trois, douze, trente...

Attention, les articles peuvent être également divisés en plusieurs catégories :
– articles définis : le, la, les, l'
Exemple : le cahier (c'est le cahier dont on a déjà parlé)
– articles définis contractés : au, aux, du, des
Exemple : Je vais au (= à le) marché.
– indéfinis : un, une, des
Exemple : un cahier (c'est n'importe quel cahier)

Travail oral

167 Relève les déterminants et les noms qu'ils déterminent.

a) Les hôtels modernes sont souvent situés le long des autoroutes.
b) Dans quelle région partez-vous en vacances ?
c) Ce traversin ergonomique est meilleur pour le dos qu'un simple traversin.
d) Quels dessins seront affichés sur ce mur ?
e) Gabriel a noté la date de ton anniversaire dans son agenda.

168 Relève les articles et indique leur catégorie.

a) Le dimanche matin, nous allons courir au bord de la rivière.
b) Des pots de toutes tailles étaient disposés sur des immenses étagères.
c) Retirez le bouchon et remplacez-le par l'embout spécial.
d) Le bouquetin vit dans les hauts massifs des Alpes.
e) Un énorme bouquet égayait la pièce.

Exercices

169 **Relève les déterminants et indique leur nature.**

Exemple : Ce jeune acteur deviendra célèbre. ➤ Ce : déterminant démonstratif

a) Le Soleil est une étoile.
b) Ils avaient rempli leurs poches avec des pommes vertes.
c) Nous n'allons pas nous promener dans ces bois sombres.
d) Cet oiseau porte sur sa tête une huppe.
e) Quel film sera projeté demain au cinéma ?
f) Pendant l'automne, on récolte des fruits sauvages.
g) Les pêcheurs remontaient dans leurs filets une pêche exceptionnelle.
h) Demain matin, quelles responsables seront présentes ?

170 **Recopie ces phrases, puis souligne en rouge les déterminants possessifs et en bleu les noms qu'ils déterminent.**

a) Hier, j'ai obtenu ma meilleure note en expression écrite.
b) Margaux a offert des places de cinéma à ses parents pour l'anniversaire de leur mariage.
c) Certains de ses livres sont très abîmés.
d) Oublie mes paroles. Je les regrette.
e) Clément a acheté sa jolie écharpe dans un grand magasin à Paris.
f) Où sont rangés tes crayons de couleur ?

171 **Recopie ces phrases, puis souligne en rouge les déterminants démonstratifs et en bleu les noms qu'ils déterminent.**

a) Je ne connais pas le nom de ces objets bizarres.
b) Les histoires de cet écrivain nous invitent au voyage.
c) Laisse donc ce pauvre chat tranquille !
d) Cette cantatrice a une voix admirable.
e) Toutes ces îles portent des noms qui chantent.

172 **Relève chaque déterminant démonstratif avec le nom qu'il détermine.**

a) Pour commander ce livre, il suffit de remplir le formulaire.
b) J'ai une chatte. Cette chatte est grise.
c) Ces enfants sont très gentils avec leur grand-mère. Ils l'aident à faire ses courses.
d) Cet appartement-là est calme : c'est vraiment agréable.
e) Cet air malsain nous pollue, c'est certain.

173 Recopie ces phrases, puis souligne en bleu les articles définis et en rouge les articles indéfinis.

a) Sur la blancheur du mur, une mouche faisait une tache noire.
b) Les grandes personnes ont parfois des discussions lassantes.
c) Joins-toi à nous pour passer les fêtes !
d) L'étudiant prit la parole et fit un long discours.
e) Au XIXe siècle, les enfants travaillaient dur.
f) Mon voisin a des revenus modestes.
g) Des minuscules gouttes se mirent à tomber.

174 Indique si des est article défini contracté (= de les) ou article indéfini (pluriel de un ou une).

a) Donne-moi des idées de cadeaux.
b) Nous mangerons en rentrant des courses.
c) Le vieil homme s'était assis sur un des bancs fraîchement repeints.
d) Jadis, ici, des loups hurlaient, le soir, à l'orée des bois.
e) L'un des deux mentait ; mais lequel était-ce ?

175 Indique si des est article défini contracté (= de les) ou article indéfini (pluriel de un ou une).

a) Achète également des feuilles non perforées.
b) Des paquets d'écume recouvraient le sable.
c) Le corps des mollusques est mou.
d) La carte des restaurants asiatiques est très fournie.
e) Dès le XIXe siècle, des grands progrès ont été faits dans le domaine des communications.

★ **176 Indique si le, la, les, l' sont articles définis ou pronoms personnels.**

a) Le départ du marathon se fera à l'entrée du stade municipal.
b) Je lui tendis la boîte ; il la prit et l'ouvrit.
c) La veste est accrochée au portemanteau.
d) Pour savoir si les champignons sont vénéneux ou pas, il faut apprendre à les reconnaître.

177 Recopie ce texte, puis souligne les déterminants et indique leur nature.

Les cétacés reviennent à la surface de l'eau et chassent l'air contenu dans leurs poumons : l'air sort par un ou deux trous situés au sommet du crâne. Il est mélangé à de la vapeur d'eau et forme un jet : c'est le souffle des baleines.

★ **178** **Recopie ces phrases, puis souligne les déterminants indéfinis en bleu, ainsi que les noms qu'ils déterminent. Souligne les adjectifs numéraux en rouge, ainsi que les noms qu'ils déterminent.**

a) Nous n'oublierons aucun nom de la liste.
b) Killian n'a pas acheté une, mais deux glaces !
c) Six euros, c'est cher pour un cahier.
d) Quelques coups de lance ont suffi pour tuer l'animal.
e) Ce footballeur marseillais a marqué trois buts.
f) À chaque pas, il ressentait la douleur dans le dos.
g) Le vieux chêne atteint quinze mètres de haut.
h) Écoute plusieurs avis avant de te faire une opinion.
i) Cet été, je me suis baigné tous les jours.
j) Le rorqual peut mesurer trente mètres de long.

J'écris...

179 **Écris une liste sur l'un des thèmes proposés en utilisant à chaque fois un déterminant différent.**

La forêt – La montagne – L'école – Les jeux – Le corps humain – La cuisine

Exemple : L'univers
une galaxie
quelques météorites
des astéroïdes
ma planète
trois comètes
un satellite

Je travaille seul(e)

corrigé p. 219

180 **Dans ce texte, relève les déterminants avec les noms qu'ils déterminent et indique leur nature.**

Carlos accéléra encore et commença de se faufiler entre les voitures, afin de distancer rapidement ces inconnus qui le suivaient et de les laisser en plan dans le formidable fouillis de la circulation. Cependant, estimant sans doute ce manège insuffisant, il l'interrompit brusquement au bout de dix minutes, vira tout à coup à angle droit et descendit la pente d'une rampe de sortie.
Il ne ralentit que lorsqu'il eut atteint une rue. Avec attention, il regarda dans son rétroviseur. Alors il parut satisfait et se détendit.

ALFRED HITCHCOCK, *Les douze pendules de Théodule*, trad. Jean Muray, © Le Livre de Poche Jeunesse, 2008.

L'adjectif qualificatif

Aide-mémoire

L'adjectif qualificatif est un mot qui accompagne le nom pour le préciser ou le décrire. Il peut être proche ou éloigné de ce nom.
Exemples : Des astronomes amateurs ont découvert une nouvelle comète.
Cette recette, malgré tes explications, me semble bien compliquée.

Le participe passé s'utilise souvent comme un adjectif qualificatif.
Exemple : C'est un bouquet de fleurs séchées.

L'adjectif qualificatif s'accorde en genre et en nombre avec le nom qu'il qualifie.
Exemples : un vélo neuf ➤ des vélos neufs
une voiture neuve ➤ des voitures neuves
un verre cassé ➤ des verres cassés

On peut souvent faire varier le degré d'intensité de l'adjectif à l'aide d'adverbes comme plus, moins, aussi, très, trop...
Exemple : Ce tableau est très ancien.

Travail oral

181 **Dans ces groupes nominaux, relève les adjectifs qualificatifs.**

de magnifiques fleurs blanches
une voiture puissante et rapide
un bon gros chat paisible
une grande bande blanche
une rue étroite mais animée
une course longue et éreintante
un grand jardin ombragé
l'aride désert rocheux

182 **Relève uniquement les adjectifs qualificatifs.**

longueur – long – allonger – forteresse – fortune – forte – formidable – épais – épaissir – épaisseur – vitesse – vite – rapide – rapidement – rapidité – Laurine – lourde – alourdir – Gaétan – gai – patiemment – patienter – patient – utiliser – utilité – utile

183 **Relève chaque adjectif qualificatif et indique le nom (ou pronom) qualifié.**

a) Il ne faut pas faire de mauvaises actions.
b) La version précédente de ce jeu était plus simple.
c) Il est très patient.
d) Le ballon bleu appartient à Maelle.
e) Les petites souris étaient très gourmandes.
f) Nous écoutions hier soir un chanteur italien très célèbre dans son pays.

Exercices

184 Relève chaque adjectif qualificatif et indique le nom (ou pronom) qualifié.

a) L'observatoire spatial européen *Soho* étudie le Soleil et les comètes.
b) L'enfant, très fier de lui, se contenta de sourire.
c) « Tu es bien curieuse », dit Coralie à sa petite camarade.
d) Le miel de châtaignier a un goût très particulier.
e) Des arbres centenaires bordaient la grande allée du château.

185 Recopie ces phrases, puis souligne les adjectifs qualificatifs.

a) Une forte tempête soulevait des nuages de poussière.
b) Je préfère le travail écrit au travail oral.
c) Le vieil homme traversa la rue déserte.
d) Pasteur fut un chercheur génial.

186 Recopie ces phrases, puis souligne les adjectifs qualificatifs.

a) Les principales villes françaises sont Paris, Lyon et Marseille.
b) De magnifiques châteaux bordent la Loire.
c) Samuel a les mains sales.
d) Les eaux pluviales détruisent les roches les plus tendres.
e) Les trois couches qui composent le globe terrestre ont des épaisseurs très différentes.

187 Recopie ces deux listes, puis relie les noms avec les adjectifs qualificatifs qui conviennent.

la côte •	• blonds
les passages •	• bruyantes
un temps •	• humide
des rues •	• cloutés
un cheval •	• rapide
le parc •	• interdit
des lionnes •	• municipal
un sens •	• rocheuse
des cheveux •	• désertiques
des paysages •	• affamées

188 **Recopie ces phrases, puis souligne chaque adjectif qualificatif et mets une croix sous le nom ou le pronom qu'il qualifie.**

a) Farah n'était pas malade ; elle souffrait d'une horrible rage de dents.
b) Vincent ne croit pas à mon histoire ; pourtant, elle est vraie.
c) Aie un peu de courage ; tu devrais être moins peureuse !
d) La saison estivale est, cette année, caniculaire.
e) As-tu vu comment ma belle chemise blanche est devenue grise ?
f) Ce gros chien paraît méchant.

★ **189** **Dans ce texte, relève les adjectifs qualificatifs avec les noms qu'ils qualifient.**

La maison était petite et sombre, mais il y faisait délicieusement frais, grâce sans doute à l'enduit épais qui couvrait les rondins à l'intérieur. Les trois pièces n'étaient séparées que par des demi-cloisons, et le lit disparaissait sous une grande moustiquaire. Ouvrant enfin sa malle, Youenn commença à la vider sous les exclamations enthousiastes de sa femme.
« De la farine de blé ! De l'huile ! Des chandelles ! »
Imitant sa mère, la petite Flore poussait des cris de joie à chaque objet qu'on sortait et répétait ses mots avec maladresse, visiblement sans les comprendre. C'était un spectacle amusant et chaleureux qui serra le cœur de Julien.

EVELYNE BRISOU-PELLEN, *Deux graines de cacao*, © Le Livre de Poche Jeunesse, 2007.

★ **190** **Dans le poème Le hareng saur de l'exercice 193, relève tous les adjectifs qualificatifs avec les noms qu'ils qualifient (quand les adjectifs sont cités plusieurs fois pour qualifier un même nom, tu ne les relèveras qu'une seule fois).**

191 **Transforme ces phrases sur le modèle donné pour établir des comparaisons à l'aide de plus ... que, moins ... que ou aussi ... que.**

Exemple : la mer est bleue. (la mer et le ciel)
➤ La mer est plus bleue que le ciel.

a) Lou est polie. (Lou et Fanny) ➤ ...
b) Mars est une planète froide. (Mars et la Terre) ➤ ...
c) Valentine a de longues jambes. (Valentine et Laura) ➤ ...
d) Lille est une grande ville. (Lille et Auxerre) ➤ ...

192 Complète en utilisant le (la) plus ou le (la) moins.

a) L'Océanie est ... petit des continents.
b) Le climat désertique est ... pluvieux.
c) C'est en Antarctique que la densité d'habitants est ... faible.
d) L'Amérique est ... long de tous les continents.

J'écris...

193 Lis ce poème, puis récris un poème sur ce modèle en respectant ces deux consignes :
– tu dois conserver ce qui est écrit en vert,
– chaque mot changé doit l'être par un autre de la même classe (par exemple, un adjectif doit être remplacé par un adjectif).

Le hareng saur

Il était un grand mur blanc – nu, nu, nu,
Contre le mur une échelle – haute, haute, haute,
Et, par terre, un hareng saur – sec, sec, sec.

Il vient, tenant dans ses mains – sales, sales, sales,
Un marteau lourd, un grand clou – pointu, pointu, pointu,
Un peloton de ficelle – gros, gros, gros.

Alors il monte à l'échelle – haute, haute, haute,
Et plante le clou pointu – toc, toc, toc,
Tout en haut du grand mur blanc – nu, nu, nu.

Il laisse aller le marteau – qui tombe, qui tombe, qui tombe,
Attache au clou la ficelle – longue, longue, longue,
Et, au bout, le hareng saur – sec, sec, sec.

Il redescend de l'échelle – haute, haute, haute,
L'emporte avec le marteau – lourd, lourd, lourd,
Et puis, il s'en va ailleurs – loin, loin, loin.

Et, depuis, le hareng saur – sec, sec, sec,
Au bout de cette ficelle – longue, longue, longue,
Très lentement se balance – toujours, toujours, toujours.

J'ai composé cette histoire – simple, simple, simple,
Pour mettre en fureur les gens – graves, graves, graves,
Et amuser les enfants – petits, petits, petits.

CHARLES CROS (1842-1888)

Je travaille seul(e)

corrigé p. 219

194 Recopie ces phrases, puis souligne les adjectifs qualificatifs.

a) En Afrique tropicale, la saison chaude dure du mois de mars au mois de mai.
b) Un vent brûlant souffle en plaine et la température atteint 43 °C. !!!
c) Les animaux sauvages meurent en grand nombre à cause du manque d'eau ; puis la période des pluies torrentielles arrive.
d) Les arbres se couvrent d'un nouveau feuillage et la terre d'herbe tendre.
e) Pendant deux mois, les rares éclaircies ne permettent pas une activité normale.

195 Fais varier l'intensité des adjectifs qualificatifs en utilisant très, peu, plus ou moins. Dis quand c'est impossible.

Exemple : un film intéressant ➤ un film très intéressant
mon film préféré ➤ impossible

une piscine carrée – un client patient – une histoire courte – un livre abîmé – un double cornet de glace – des lignes parallèles – la fille aînée – un triple saut – un saut périlleux – un dessert crémeux – mon dessert favori – une grande fille

Le participe passé

Aide-mémoire

Chaque verbe possède un participe passé. Il se termine en **é** pour les **verbes du 1er groupe**, en **i** pour les **verbes du 2e groupe**, en **i**, **u**, **s** ou **t** pour les **verbes du 3e groupe**.

Le participe passé s'utilise :
– comme un adjectif qualificatif
Exemples : un fruit abîmé – une image agrandie – un livre lu
– pour conjuguer le verbe aux temps composés
Exemples : il a chanté – tu auras fini – elles sont sorties – vous avez fait

Pour trouver le participe passé d'un verbe, on le fait précéder de il a... ou elle a été... .
Exemples : perdre ➤ il a perdu, elle a été perdue
écrire ➤ il a écrit, elle a été écrite

Travail oral

196 **Quel est le participe passé de chacun de ces verbes ?**

vouloir – couler – agrandir – apprécier – cultiver – pâlir – peindre – voir – fixer – sentir – courir – étudier – couvrir – manger – dormir – jeter – comprendre – jaunir – corriger

197 **Relève uniquement les participes passés et indique à partir de quels verbes ils sont formés.**

Exemple : bercé ➤ bercer
grand – inspecteur – café – puni – désert – ami – débouché – charité – élargi – entendu – pieu – bonté – court – offert – perdu – plier – patienté – peigné – peint – vie

Exercices

198 **Écris le participe passé de chacun de ces verbes.**

fournir – copier – grossir – prévoir – remuer – saisir – détruire – nettoyer – lire – mériter – frémir – guérir – tenir – conduire – apporter – rougir– mettre – apporter – cuire

199 **Écris le participe passé de chacun de ces verbes.**

fondre – aveugler – convertir – combattre – contrôler – assouplir – disparaître

200 **Recopie uniquement les participes passés et indique à partir de quels verbes ils sont formés.**

unité – qualité – balayé – capacité – dépassé – fui – parti – marquis – copié – su – mis – maigri – appui – képi – choisi

201 **Recopie ces phrases, puis souligne les participes passés.**

a) J'ai brossé mes chaussures, puis je les ai cirées.
b) Une fois le repas terminé, la table a été desservie.
c) Des fleurs fanées pendaient tristement au-dessus de la cheminée.
d) Ta mère a servi un repas à base de viande grillée.
e) Melissa avait gagné une récompense largement méritée.
f) Au cours de la journée, j'ai reçu trois factures à payer.
g) Mes deux raquettes sont cassées. Je suis désolée de ne pouvoir jouer.
h) Mon pull neuf est taché.

202 **Écris le participe passé de chaque verbe, puis utilise-le :**
a) avec un nom masculin singulier ;
b) à la 3e personne du singulier du passé composé.

Exemple : modifier ➤ modifié ; un exercice modifié ; il a modifié

louer – photographier – nourrir – manger – rougir – peler

★ **203** **Écris le participe passé de chaque verbe, puis utilise-le :**

a) avec un nom masculin singulier ;
b) à la 3e personne du pluriel du passé composé.

Exemple : entendre ➤ entendu ; un message entendu ; ils ont entendu

boire – enfouir – gribouiller – garantir – mordre – perdre – construire – couvrir

★ **204** **Relève les participes passés du texte, puis indique à partir de quels verbes ils sont formés.**

Chers Maman et Papa,
Je suis un peu perdu.
Je pense que j'ai atteint le Lac de la Solitude, juste à l'endroit où la Rivière Vagabonde se jette dedans. Mais je me suis servi de la carte de Papa comme nappe pour mon pique-nique de midi. Alors maintenant, c'est difficile de savoir s'il s'agit d'une rivière ou d'une couenne de lard. Comme vous ne m'avez pas demandé de rentrer à la maison, je suis obligé de continuer ce voyage idiot et interminable, même si je risque de ne jamais trouver Oncle Grovilain. S'il ne répond pas aux lettres de Papa, c'est peut-être que l'École des Crapules est fermée et que, lui, il a quitté la Forêt de la Frousse.

IAN WHYBROW, *50 jours pour devenir parfaitement méchant*, trad. Laurence Kiéfé, © Casterman, 2010.

J'écris...

205 **Ouvre ton dictionnaire et choisis dix noms communs, puis treize verbes. Écris le participe passé de chaque verbe, puis assemble, comme dans l'exemple, un nom avec un participe passé. (Attention aux accords !)**
Pas besoin d'être réaliste, laisse faire ton imagination...
Termine ton texte par deux ou trois participes passés qui qualifieront le dernier nom.

Exemple :
une ivresse – flétrie
un calme – imprimé
une enveloppe – aperçue
un miracle – imité
un regard – expliqué
un débat – moulu
une bouteille – inspirée
l'océan – refroidi
la liberté – réinventée
le silence – suspendu
statufié
dissimulé
révolté

Je travaille seul(e)

corrigé p. 219

★ **206** **Relève tous les participes passés, puis indique entre parenthèses à partir de quels verbes ils sont formés.**

Quand Bob fut descendu de son vélo, Hannibal lui expliqua :
« Nous avons travaillé toute la journée. Ce matin, oncle Titus est arrivé avec un plein camion de camelote. Tante Mathilda a voulu que nous fassions le tri. Il fallait bien remplacer Hans et Conrad. C'est leur jour de congé. Autant te dire que notre enquête, aujourd'hui, a plutôt piétiné !
– Avez-vous eu des nouvelles d'Harry ? demanda Bob.
– Juste un coup de téléphone. M. Jitters l'a poussé dans un coin et lui a demandé ce qu'il avait fait hier avec nous. Il était si menaçant que Harry a pris peur. Il lui a dit que nous avions réussi à nous procurer des messages incompréhensibles. Il lui a parlé aussi du vol du réveil hurleur. M. Jitters a failli exploser de rage.

ALFRED HITCHCOCK, *Les douze pendules de Théodule*, trad. Jean Muray,
© Le Livre de Poche Jeunesse, 2008.

Les pronoms

Aide-mémoire

Les pronoms remplacent le plus souvent des noms (ou groupes nominaux) afin d'éviter des répétitions ; ils ont la même fonction que les noms (ou groupes nominaux) qu'ils remplacent.

Exemples : Pierre va chercher une carte ; il la déplie ensuite sur la table.
(il = Pierre ; la = la carte)

Ton classeur est bien rangé mais le mien est en désordre.
(le mien = mon classeur)

On répartit les pronoms en différentes catégories : pronoms personnels, pronoms possessifs...

Travail oral

207 Dans ces phrases, relève les pronoms et indique quels noms ils remplacent.

a) La sauge est une plante médicinale. Elle permet de soigner.
b) J'ai posé mon blouson sur le tien.
c) Evan n'aime pas les bonbons à la menthe. Il préfère ceux au citron.
d) Martin, Aïcha et moi, nous avons deux cartes mais laquelle est la bonne ?
e) Axelle a prévenu Mateo : « Je te rendrai ton stylo quand tu auras retrouvé le mien. »

Exercices

208 Recopie les phrases et souligne les pronoms (le nombre de pronoms est indiqué au bout de chaque phrase).

a) Nous aimons bien ton dessin mais celui de Margot est plus coloré. 2
b) Ma chanson est douce ; la tienne est très rythmée. 1
c) Les nuits les plus claires sont celles de pleine lune. 1
d) Le soir, je lis des histoires ; elles me font ensuite rêver. 3
e) Qui vient d'entrer ? 1
f) On parle de lui dans le journal. 2

★ **209** **Recopie ces phrases et souligne les pronoms (le nombre de pronoms est indiqué au bout de chaque phrase).**

a) Le crocodile guette l'antilope qui vient boire à la rivière. 1
b) Parmi les chiens de traîneaux, le chef est celui qui se trouve devant. 3
c) Les marins quittaient ce beau pays, mais ils ne l'oublieraient pas. 2
d) Ceci est vrai mais tu le savais déjà. 3
e) Je te montrerai le magazine qui raconte cette aventure. 3
f) Nous allons décorer le sapin que nous avons acheté. 3

210 **Relève les groupes nominaux que les pronoms en gras remplacent.**

Les invités entrent dans la salle, puis **ils** s'installent. Sur la scène, le présentateur s'avance vers la foule **qui** s'agite et **la** salue. Killian murmure à Magali : « Si **tu** veux mon avis, **il** va **nous** faire patienter. » La suite semble **lui** donner raison. Le présentateur explique en effet qu'un problème de sonorisation a retardé les répétitions des musiciens. **Ceux-ci** ne rentreront en scène que dans un quart d'heure.

Je travaille seul(e)

corrigé p. 219

211 **Recopie ces phrases et souligne les pronoms (le nombre de pronoms est indiqué au bout de chaque phrase).**

a) Elle posa son téléphone et nous demanda le nôtre. 3
b) Quand nous serons sortis, vous lui donnerez la lettre. 3
c) Pose ce crayon cassé et prends le mien. 1
d) Tu lis un poème qui est peu connu. 2
e) Lequel d'entre vous était debout ? 2

212 **Relève les groupes nominaux que les pronoms en gras remplacent.**

Un crustacé est un animal invertébré **dont** le corps est recouvert d'une carapace articulée. Comme les poissons, les crustacés sont capables de respirer dans l'eau. **Ils** n'ont pas de nageoires mais des pattes (dix ou plus) avec **lesquelles** ils se déplacent en marchant ou en nageant. Lorsqu'**ils** veulent s'enfuir rapidement, le homard ou la crevette donnent un violent coup de queue **qui les** projette en arrière.

Les pronoms personnels

Aide-mémoire

Les pronoms personnels représentent :
– la personne qui parle (1re personne) : je, me (m'), moi, nous ;
– la (les) personne(s) à qui on parle (2e personne) : tu, te (t'), toi, vous ;
– la (les) personne(s) dont on parle (3e personne) : il, elle, on, le, la, l', lui, soi, ils, elles, les, leur (invariable), se, s', eux.

Attention ! Les pronoms personnels de la 3e personne ne remplacent pas toujours des personnes.

Exemple : Je vois la mer. ➤ Je la vois (la : la mer).

Les pronoms personnels peuvent être sujets ou compléments d'objet.

Exemples : Elles (sujet) le (c.o.d.) regardent. Nous (sujet) lui (c.o.i.) parlons.

Travail oral

213 Quels pronoms personnels remplacent les noms ou les groupes nominaux en gras ?

a) **Le fauve** se tapit ; il avait repéré sa proie.
b) **Mes cousins et moi**, nous partons ensemble en vacances.
c) Demain soir, **une fête** est organisée sur la place du village ; un grand bal la clôturera.
d) Le cheval s'élance vers **l'obstacle** et le franchit.
e) **Margaux et Johanna** vont à la mer où elles sautent dans les vagues.

f) Marie se promène avec **son frère** ; elle lui donne la main.
g) Essuie **ton ardoise** et range-la.
h) Nous avons invité **nos amis** à dîner ; nous leur avons téléphoné.
i) Va chercher **le pain** et range-le dans le buffet.
j) « Allez vous promener sans moi », dit **Pierre** à Guillaume et Florian.
k) **Nos camarades** nous ont prêté **des CD-Rom** ; nous les leur rendrons samedi.
l) **Juliette** dit à **Alexandre** : « Tu n'oublieras pas de demander à **tes parents** s'ils veulent que j'apporte quelque chose. »

Exercices

214 Dans ces phrases, relève les noms ou les groupes nominaux que remplacent les pronoms personnels en gras.

a) Inès se lève tôt le matin ; **elle** se couche donc de bonne heure le soir.
b) Une camarade de classe est souffrante ; je **lui** apporterai ses leçons.
c) Un éclair traversa le ciel en **le** zébrant.
d) Mon oncle possède une maison en Provence ; il **la** loue tout le mois de juillet.
e) Magali et Camille ont dit à Olivia et Rachid que c'était à **eux** de venir, cette fois.
f) Le directeur du théâtre est allé voir l'artiste dans sa loge et **l'**a félicité.
g) « Je ne **lui** parle plus », dit Alice à sa sœur en montrant Gaëlle.
h) Steven dit à Vincent : « Si **tu** sors, préviens-**moi**. »
i) J'ai pris beaucoup de photos durant ce voyage ; je **les** regarde souvent.
j) Prends une part de cette tarte, puis passe-**la** aux autres.

215 Recopie ces phrases, puis souligne en bleu les pronoms personnels sujets et en rouge les pronoms personnels compléments.

a) En l'an 2020, elle aura quinze ans.
b) Si vous observez attentivement ce sommet, vous apercevrez une cordée d'alpinistes.
c) Le chat épie la souris, l'attrape et la mange.
d) Les livres d'histoire me passionnent.
e) Lisa mélange les morceaux du puzzle ; elle le recompose en moins de cinq minutes.

216 Recopie les phrases, puis souligne en bleu les pronoms personnels sujets et en rouge les pronoms personnels compléments. Pour ces derniers, indique s'ils sont c.o.d. ou c.o.i.

a) Je les regarde.
b) Nous vous demanderons un service.
c) Le cerf nous observa et repartit en sens inverse.
d) Les joueurs passèrent au milieu du public qui les applaudissait.
e) Comme le patineur abordait sa triple boucle piquée, il chuta.
f) Demain, je lui enverrai une carte postale.
g) Qu'est-ce que tu lui as dit ?

★ **217** **Recopie ces phrases, puis souligne en bleu les pronoms personnels sujets et en rouge les pronoms personnels compléments. Pour ces derniers indique s'ils sont c.o.d. ou c.o.i.**

a) Nous connaissons ce sport mais nous ne le pratiquons pas.
b) C'est un bon travail ; je te félicite.
c) Elle lui présenta les photos et les lui commenta.
d) Soigne-toi bien.
e) Nous nous laverons les mains et nous irons manger.

★ **218** **Recopie chaque phrase en remplaçant chaque nom ou groupe nominal en gras par le pronom personnel qui convient.**

a) **Anna, Rose et Célia** s'essaient au mini-golf.
b) **Lola et moi** pensons bien à **Martin et Corentin**.
c) J'attrape la corde et je noue **la corde** au tronc d'arbre.
d) Jules, tu ne devrais pas toujours penser qu'à **Jules**.
e) Je téléphone à Maria et Janika et j'explique à **Maria et Janika** le programme de dimanche.

★ **219** **Recopie les phrases, puis souligne le mot leur(s) en bleu quand il est déterminant possessif et en rouge quand il est pronom personnel.**

a) Dans leur maison en Provence, ils possèdent une piscine.
b) Nous leur apporterons des fleurs quand nous irons les voir.
c) S'ils nous envoient leurs vœux, nous leur répondrons.
d) Ne donnez pas trop de bonbons aux enfants, c'est nocif pour leurs dents et cela diminue leur appétit.

★ **220** **Dans ce texte, relève les différents pronoms personnels.**

Un petit vieux tout guilleret entra dans l'atelier. Il avait pour nom Geppetto mais les enfants du voisinage, quand ils voulaient le mettre hors de lui, l'appelaient Polenta au motif que sa perruque jaune ressemblait fort à une galette de farine de maïs. Geppetto était très susceptible. Gare à qui lui donnait de la Polenta ! Il devenait une vraie bête et il n'y avait plus moyen de le tenir.
– Bonjour, Maître Antonio, dit Geppetto. Qu'est-ce que vous faites assis par terre ?
– J'apprends le calcul aux fourmis.
– Grand bien vous fasse !
– Qu'est-ce qui vous amène chez moi, compère Geppetto ?
– Mes jambes ! Maître Antonio, je suis venu vous demander une faveur.
– Me voici, prêt à vous rendre service, répondit le menuisier en se relevant.
– Ce matin, il m'est venu une idée.

CARLO COLLODI, *Les aventures de Pinocchio*, trad. Claude Sartirano, Édition Ebooks libres et gratuits.

★ **221** **Indique si le, la, les ou l' sont articles définis ou pronoms personnels.**

a) Dans l'immense salle, les voix résonnaient.
b) Le joueur de tennis lança la balle au-dessus de lui et la frappa.
c) Où habite-t-il ? Nous l'ignorons.
d) L'ordinateur est en panne ; il faudra le faire réparer.
e) Tes chaussures sont poussiéreuses ; brosse-les.
f) Nous apercevons les tours du château fort. Nous les découvrons depuis la colline.

J'écris…

222 **Continue ce poème en utilisant, à chaque fois, des pronoms personnels différents.**

J'écris, mais c'est pour toi,
Elle chante, et c'est pour nous,
…

Je travaille seul(e)

corrigé p. 217

223 **Recopie ces phrases. Souligne chaque pronom personnel et indique s'il est sujet ou complément.**

a) Je t'envoie tous mes vœux pour la nouvelle année ; écris-moi.
b) Il lui témoigne beaucoup d'affection.
c) L'écureuil amasse des réserves de nourriture et les conserve à l'abri.
d) Vous vous laverez sitôt levés.
e) Ils observent le danseur et l'imitent.
f) Cette voiture nous coûte cher.

★ **224** **Dans chaque phrase, indique si leur est déterminant possessif ou pronom personnel. Quand leur est pronom personnel, recopie la phrase en remplaçant leur par lui et fais les modifications nécessaires.**

a) Yanis connaît leur numéro de téléphone.
b) Nos cousins sont en vacances ; nous leur dirons de passer nous voir.
c) Ils se sont montrés désagréables, mais je ne leur en veux pas.
d) C'est pour leur maison de campagne qu'ils partent samedi.
e) Adrien et Malika veulent traverser : donne-leur la main.
f) Ils étendent leur serviette de bain sur la plage.

Les pronoms possessifs, démonstratifs, interrogatifs et relatifs

Aide-mémoire

Le pronom possessif remplace un nom précédé d'un déterminant possessif : le mien, le tien, le sien, le nôtre, les vôtres, les leurs...
Exemples : mon crayon ➤ le mien nos amis ➤ les nôtres

Le pronom démonstratif représente l'être ou la chose que l'on montre, dont on parle : ce, ceci, cela, celle, celles, ceux, celui-ci, celle-là, ceux-ci...
Exemple : Je n'aime pas ce pull ; je préfère celui-ci.

Le pronom interrogatif permet de poser une question : qui, que, quoi, lequel, laquelle, auxquels, lesquelles...
Exemples : Qui est là ? Laquelle des deux sœurs est l'aînée ?

Le pronom relatif représente le nom ou le pronom placé devant lui (l'antécédent) et introduit une proposition subordonnée relative : qui, que, quoi, dont, où, lequel, laquelle, lesquels...
Exemple : Nous nous approchons de la rivière qui coule devant nous.
(rivière : antécédent ; qui coule devant nous : proposition subordonnée relative)

Travail oral

225 Quelle est la nature de chaque pronom en gras ?

a) À mon avis, son meilleur livre est **celui** que je t'ai prêté.
b) Je **te** montrerai la maison **où** j'ai grandi.
c) **Ce** que tu dis est incroyable !
d) Si tu as oublié ton bonnet de bain, je te prêterai **le mien**.
e) Ta maison n'est pas très grande mais **la mienne** est bien plus petite.
f) Range tes crayons comme **les siens** et ne garde pas **ceux** qui sont secs.
g) **Lequel** d'entre **vous** veut bien aller fermer la porte ?

226 Indique, pour chaque groupe nominal, un pronom correspondant.

Exemple : ce livre ➤ celui-ci

ma sœur – nos enfants – cette fleur – leur famille – ta tante – ces sapins – ces roses – son cousin – votre marraine – ce châtaignier – tes voisins – leurs grands-parents

Exercices

227 **Recopie ces phrases, puis souligne en bleu les pronoms possessifs et indique quels groupes nominaux ils remplacent.**

Exemple : Peux-tu me prêter ton stylo ; j'ai égaré le mien. ➤ mon stylo

a) Ces lunettes ne sont pas à toi ; ce sont les miennes.
b) Vos skis sont plus légers que les siens.
c) Notre cour est mieux entretenue que la leur.
d) Mes études se terminent bientôt. Quand les vôtres prendront-elles fin ?
e) Je suis satisfaite de mes résultats à l'examen. Que penses-tu des tiens ?

228 **Recopie ces phrases, puis souligne en bleu les pronoms démonstratifs et indique quels groupes nominaux ils remplacent.**

Exemple : Ne prends pas tes vieux rollers. Je te prête ceux de mon frère. ➤ les rollers

a) Ne mélange pas tes perles avec celles de Lisa.
b) Prends le train de 18 h 30 plutôt que celui de 17 heures.
c) Les poissons aussi ont des dents ; celles de la sardine sont très fines et pointues.
d) Il faut trente-cinq jours pour que l'œuf de poule éclose, mais il faut deux mois et demi pour celui du kiwi.
e) Les Indiens n'ont pas toujours connu les chevaux ; ceux du XVIIe siècle utilisaient des chiens.

229 **Recopie ces phrases, puis souligne en bleu les pronoms relatifs et mets une croix sous le nom qu'ils remplacent (leur antécédent).**

a) Les oiseaux qui se rassemblent sur les fils sont prêts à partir.
b) La région où je passe mes vacances est fort belle.
c) Je préfère les livres qui racontent des aventures.
d) Viens voir la belle table sur laquelle est posé le vase.
e) La personne dont je vous parle est en voyage.
f) Je ne sais pas où j'ai rangé les gants que j'ai achetés hier.
g) Nous devons apprendre une leçon que nous réciterons ensuite.
h) Mon cousin est allé voir le film dans lequel jouait un ami à nous.
i) C'est la seule personne à qui elle parle.
j) Viens voir le mur sur lequel j'ai peint.

230 **Recopie ces phrases en les complétant par un pronom interrogatif qui convient.**

a) ... a sonné à la porte ?
b) À ... pensais-tu ?
c) Parmi ces yaourts, ... seront bientôt périmés ?
d) ... pensez-vous faire avec cet outil ?
e) Entre ces deux tableaux, ... attaches-tu le plus de valeur ?
f) .... de ces deux filles est ta voisine ?

231 **Dans chaque phrase, indique quel groupe nominal remplace chaque pronom possessif en gras.**

a) Je sais ma leçon ; as-tu appris **la tienne** ?
b) Nos rideaux sont plus clairs que **les vôtres**.
c) Ces skis sont à toi ; **les miens** sont rangés dans leur casier.
d) Comme mes voisins, j'ai un abricotier dans mon jardin ; mais **le leur** est plus gros.
e) Le bateau de Jérémy est plus rapide que **le tien**.
f) Mes parents connaissent **les tiens**.

232 **Indique si le mot en gras est un déterminant possessif ou un pronom possessif.**

a) Peut-être avez-vous rencontré **leur** grand frère ?
b) Ces outils ne sont pas à nous ; ce sont **les leurs**.
c) **Notre** séjour à la montagne fut enchanteur.
d) Si tu n'as pas de tondeuse, tu peux te servir de **la nôtre**.
e) C'est **votre** chien qui aboie sans cesse.
f) Il est impossible de prévoir **vos** réactions !

J'écris...

233 **Invente un poème à partir du titre Partageons. Il sera composé à partir de groupes nominaux : déterminant possessif + nom et de pronoms possessifs qui n'indiquent pas la même personne.**

Exemple : Partageons
Ma famille, c'est la tienne
Ton pays, c'est le nôtre
Leur histoire, c'est la mienne

234 **Écris une liste qui comportera beaucoup de pronoms (personnels, possessifs, démonstratifs...) et qui se terminera par pour un monde ensemble.**

Exemple : Moi, toi, les autres, cet homme et celui-ci, mon frère, le tien... pour un monde ensemble.

Je travaille seul(e)

corrigé p. 220

235 **Dans ces phrases, relève les pronoms démonstratifs et les groupes nomimaux qu'ils remplacent.**

a) Cette exposition de peinture est plus importante que celle que nous avons visitée le mois dernier.
b) Je n'aime pas son prénom mais j'aime bien le tien.
c) Les gens dans la misère ne sont pas ceux qui se plaignent le plus.
d) Cette haie est plus gaie que celle-ci.
e) Les exercices de Clémence sont justes ; ceux de Mathis comportent des erreurs.
f) Constance a égaré ses craies ; elle emprunte celles de Florian.
g) Pourquoi les leurs sont-ils plus lisibles que nos textes ?

236 **Dans ces phrases, relève l'antécédent de chaque pronom relatif.**

a) J'ai revendu la voiture **que** j'avais achetée l'an dernier.
b) Décris-moi l'endroit **où** tu as passé tes vacances.
c) Quand il arrivera, c'est moi **qui** le recevrai.
d) Je ne connais pas la personne **dont** tu me parles.
e) Ouvre le cahier rouge dans **lequel** tu trouveras la correction.
f) On a lessivé les murs **que** l'on doit repeindre.
g) Le nom du pays **auquel** je pense commence par un E.
h) Benjamin a acheté une raquette avec **laquelle** il s'entraîne sérieusement.

Les adverbes

Aide-mémoire

L'adverbe est un mot invariable qui complète ou modifie le sens :

– d'un verbe	Tu marches souvent.
– d'un adjectif qualificatif	Cette montagne est très impressionnante.
– d'un autre adverbe	Nous roulons assez vite.
– de toute une phrase	Finalement, il sera à cette réunion.

On classe les adverbes en plusieurs familles :
- les adverbes de lieu : ici, devant, dessous, quelque part...
- les adverbes de temps : maintenant, toujours, jamais, de temps en temps...
- les adverbes de manière : lentement, bien, mal, patiemment, peu à peu...
- les adverbes de quantité : beaucoup, peu, assez, autant...
- les adverbes de négation : ne ... pas, ne ... plus, jamais...
- les adverbes d'opinion : oui, sans doute, vraiment, certes...
- les adverbes de liaison : puis, ensuite, enfin...
- les adverbes d'interrogation : combien, comment, pourquoi...

Les adverbes formés de plusieurs mots s'appellent des locutions adverbiales : en avant, tout de suite, tout à fait, par conséquent, peut-être...

De nombreux adverbes se terminent par –ment : heureusement, grandement, vivement...

Travail oral

237 Dans ces phrases, relève les adverbes ou locutions adverbiales (on t'indique au bout de chaque phrase combien tu dois en trouver).

a) Elle a légèrement souri. 1
b) Martin et Samira partent ensemble visiter l'Arc de Triomphe. 1
c) L'œil du tigre brille férocement dans la nuit. 1
d) Paul mange beaucoup. 1
e) C'est bien d'être poli. 1
f) Matteo est peu attentif à ce qu'on lui dit. 1
g) Les archéologues ont longuement fouillé les ruines. 1
h) Ne rentre pas tard. 2
i) J'espère qu'ils vont bientôt arriver. 1
j) Ma cousine n'est pas allée dehors aujourd'hui. 3
k) Ne pars pas trop vite ; tu arriveras plus facilement. 5

Exercices

238 **Recopie ces phrases, puis souligne les adverbes.**

a) Kevin rit souvent. 1
b) Christophe Colomb a-t-il réellement découvert l'Amérique ? 1
c) Ce chevalier combattait bravement tous ses ennemis. 1
d) J'ai assez mangé ; maintenant j'ai plutôt soif. 3
e) Soudain, l'épervier piqua vers le sol. 1

239 **Recopie ces phrases, puis souligne en bleu les adverbes et en rouge les adjectifs qualificatifs qu'ils complètent ou modifient.**

a) Cet article est très cher.
b) Le ski est un sport plutôt difficile.
c) Mon petit déjeuner me paraît trop chaud.
d) En s'aidant des bâtons de marche, l'effort se faisait moins violent.
e) À cause des pluies, la rivière était presque infranchissable.

240 **Classe les adverbes selon leur sens (lieu, temps ou manière).**

lentement – autrefois – là – toujours – tard – aussitôt – loin – froidement – dehors – après – ensemble – cruellement – mal – ici – partout – derrière – souvent – gentiment – bientôt

241 **Dans chaque phrase, relève les deux adverbes et indique pour chacun quel mot il complète ou modifie.**

a) Les alpinistes atteignirent très tard le sommet de l'Aiguille du Midi.
b) Cet athlète court extraordinairement vite.
c) Marine mange trop peu ; elle risque de tomber malade.
d) Mes parents vont au cinéma assez fréquemment.
e) Raphaël chante vraiment bien.

242 **Recopie ces phrases, puis souligne en bleu les adverbes de négation et en rouge les verbes modifiés.**

a) Nous n'achèterons rien au Salon des arts et métiers.
b) Édouard n'aime plus nager en piscine.
c) Dimanche, vous n'aurez guère le temps d'aller les voir.
d) Il n'a nullement l'intention de s'excuser.
e) Noé n'aura jamais le dernier mot avec sa sœur Coline.

★ **243** **Recopie uniquement les adverbes.**

absolument – vêtement – goulûment – volontairement – empêchement – éloignement – chargement – activement – brillamment – voracement – énormément – éternuement – courageusement – éclaircissement

J'écris...

244 **À partir de l'un de ces thèmes :**

À la plage – En voyage – Une journée d'activités – Un match – La gymnastique – Le bricolage – Une colère

écris un texte uniquement composé d'une dizaine de verbes à l'infinitif suivis chacun d'un adverbe de manière.

Exemple :

Au jardin

bêcher – profondément
tailler – modérément
arroser – longuement
planter – régulièrement
...

245 **Complète chaque phrase par une proposition qui sera introduite par l'un des adverbes (ou locutions adverbiales) de la liste suivante :**

ainsi – alors – en effet – cependant – par conséquent – c'est pourquoi

a) Nous n'avons qu'une petite voiture ...
b) Tu choisiras le livre que tu veux ...
c) Je sais que tu es un enfant responsable ...
d) Tu as terminé tout ton travail ...
e) Aide-toi du dictionnaire...

Je travaille seul(e)

corrigé p. 220

246 **Dans ces phrases, relève les adverbes. Indique pour chacun quel mot il complète ou modifie.**

a) Mathieu répond parfois méchamment.
b) Les cyclistes dévalaient trop rapidement la pente.
c) Les éboueurs passent habituellement vers 8 heures.
d) Célia ne lit jamais de bandes dessinées.
e) Dans son jardin, apparaissent régulièrement d'énormes taupinières.

Les conjonctions de coordination

Aide-mémoire

Les **conjonctions de coordination** sont des **mots de liaison** qui servent à relier deux mots de même fonction ou deux propositions de même nature : mais, ou, et, donc, or, ni, car.

Exemples : Je ramasse des châtaignes et des champignons.

des châtaignes : c.o.d. ; des champignons : c.o.d.

Nous irons à la plage mais nous ne nous baignerons sûrement pas.

Nous irons à la plage : proposition indépendante ; nous ne nous baignerons sûrement pas : proposition indépendante

Travail oral

247 Complète chaque phrase par une conjonction de coordination qui convient.

a) Cet été, nous passerons nos vacances à la mer ... à la campagne.
b) J'adore les tartes ... je n'en mange quand même pas trop souvent !
c) Nous ne pouvons ... ne voulons partir sans vous.
d) Tu cherchais un mécanicien efficace ... j'en connais justement un.
e) C'est le bon moment pour lui parler ... il n'est pas occupé.
f) Justine n'aime ... le bleu ... le noir.
g) C'est ton meilleur ami ... ne lui cache rien.
h) Florian vient de visiter Rome ... Florence.

248 Dans ce texte, relève les conjonctions de coordination.

Consignes pour présenter votre dossier – Vous recopierez proprement les textes et collerez vos documents, photos ou dessins, puis vous préparerez la couverture. Écrivez très lisiblement car je veux un travail clair et agréable. Vous pouvez utiliser vos crayons feutres pour les titres mais ne choisissez pas de couleur trop pâle donc peu voyante. Évidemment, je n'accepte ni ratures ni gribouillages ; cependant je tolère l'utilisation modérée du correcteur blanc.

Exercices

249 **Dans ce texte, relève les conjonctions de coordination.**

Papa est libraire. Il adore les livres. Il les dévore donc c'est un ogre. Il lit toute la journée et parfois même la nuit. C'est une maladie incurable mais ça n'a pas l'air d'inquiéter notre médecin de famille.

Chaque soir, une nouvelle pile de livres débarque à la maison. Il y en a partout, jusque dans les toilettes. C'est une invasion. Je ne peux ni râler, ni protester. Avec papa, les envahisseurs ont toujours raison. Il leur parle comme à des êtres humains. Il leur invente des prénoms et les appelle mes p'tits bouquins. Tous les bouquins sont ses copains, or, moi, je n'ai pas de copain.

ÉRIC SANVOISIN, *Le buveur d'encre*, coll. « Premiers romans », © Éditions Nathan, 2005.

250 **Recopie ces phrases en les complétant avec une conjonction de coordination qui convient.**

a) Il faut tourner à gauche ... à droite, ... il faut choisir !
b) Tous les chiens ont du flair, ... Kiko est un chien ... Kiko a du flair.
c) Le vert n'est ... du bleu ... du jaune, ... il est obtenu à partir de ces deux couleurs primaires.
d) Je déteste le poisson pané ... je n'en mange jamais.
e) Charlotte est ma cousine ... je la vois très peu.

J'écris...

251 **À partir de l'un des trois titres ci-dessous, écris un texte de cinq phrases. Chaque phrase devra contenir une conjonction de coordination différente.**

Un départ mouvementé – Mon(ma) meilleur(e) ami(e) – Drôle de pirate !

Je travaille seul(e)

corrigé p. 220

252 **Recopie et complète avec une conjonction de coordination qui convient.**

a) Je connais la Sardaigne ... je ne suis jamais allé en Sicile.
b) Nous avons découvert deux volcans : l'Etna ... le Stromboli.
c) C'est un voyage « tout compris », ... il n'y a rien de plus à payer.
d) J'appelle le voyagiste ... je voudrais quelques précisions sur ce voyage.
e) Il faut choisir : partir en avril ... en mai.

Les prépositions

Aide-mémoire

Les **prépositions** sont des **mots invariables** :
à, de (d'), par, pour, sans, avec, avant, après, chez, dans, entre, parmi, malgré, vers...
Elles unissent un complément au mot qu'il complète (verbe, nom...).
Exemples : Bastien lance une boule de neige. Nous pensons à vous.
complément de nom (de neige) — complément d'objet indirect (à vous)

Travail oral

253 Donne le contraire des expressions en changeant la préposition.

a) avant le dîner
b) avec joie
c) près de l'arbre
d) au-dessous du fil
e) sous le lit
f) dans la maison

254 Lis ces phrases et relève les prépositions.

a) Victor prépare une excellente tarte à la crème.
b) Marie-Lou ira passer ses vacances chez sa grand-mère.
c) Il est absent depuis samedi.
d) La neige tombe doucement sur le village.
e) Ne t'appuie pas contre ce mur !

Exercices

255 Recopie uniquement les prépositions.

dans – chez – parmi – la – après – cet – on – par – vrai – lion – et – sur – avant – contre – lorsque – ses – pour – donc – vers – faire

256 Recopie ces phrases. Encadre chaque préposition et le complément de nom qu'elle introduit, puis souligne le nom complété.

Exemple : Je mange une tarte [aux fraises].

a) J'ai perdu mon bracelet en argent.
b) Il a bu deux verres d'eau.
c) Malik fait des photos en noir et blanc.
d) Un meuble en merisier coûte cher.

257 Recopie ces phrases. Encadre chaque préposition et le complément qu'elle introduit.

a) Cet artisan pratique la peinture sur soie et la calligraphie.
b) Tao porte une superbe chemise à pois.
c) Nous vous souhaitons la bienvenue parmi nous.
d) Mes chaussures de randonnée sont pleines de boue.
e) Nous sommes heureux avec vous.

258 Recopie ces phrases. Souligne chaque préposition et le complément qu'elle introduit. Indique s'il s'agit d'un complément circonstanciel de temps, de lieu, de manière ou un complément d'objet.

Exemple : Mon oncle part à la pêche.
complément circonstanciel de lieu

a) J'ai pris l'avion pour la Corse.
b) Charles a répondu avec méchanceté.
c) Les chats ont des petites pelotes sous les pattes.
d) Nous serons rentrés à minuit.
e) Rentre chez toi.
f) Manon rêve souvent de voyages lointains.
g) Parle sans crainte.

★ **259 Recopie les phrases où des est une préposition.**

Exemple : Je reviens des courses. (des = de les)

a) À Noël, on m'a offert l'album des animaux en voie de disparition.
b) Sur la plage, des baleines étaient venues s'échouer.
c) Le chien des voisins est hargneux.
d) Nous avons acheté des rideaux neufs.

260 Indique le sens des prépositions dans les expressions suivantes.

Exemple : une assiette de porcelaine ➤ faite en porcelaine

une tasse à café – une tasse de café – des gants de cuir – un moteur à essence – un jus de fruits – une corbeille à fruits

★ **261 Recopie cette phrase, puis souligne en bleu les prépositions et en rouge les articles contractés.**

À l'ombre du mur, assises dans l'herbe, quelques personnes des environs pique-niquaient et, tout en mangeant, riaient de la dernière histoire drôle racontée par le père Maurice.

J'écris...

262 **À partir d'un des débuts de phrases proposés :**

Sur la Terre, il nous faudrait ...
Dans mon jardin, j'installerai ...
Dans mon atelier, je fabriquerai ...
En cuisine, je créerai ...
À l'école, on voudrait ...

invente une suite en utilisant uniquement des noms suivis de compléments de nom introduits par une préposition. Écris en couleur chaque préposition.

Exemple : Dans mon jardin, j'installerai...
– un arbre **à** papillons,
– des rosiers **sans** épines,
– deux géraniums **de** Chine,
– une cabane **en** bois,
...

Je travaille seul(e)

corrigé p. 220

263 **Recopie ce texte, puis souligne les prépositions.**

L'huîtrier-pie niche aussi bien sur les pelouses que sur le sable, entre les galets d'une grève ou même dans une cuvette rocheuse ; la femelle pond généralement trois œufs dans une coupe garnie de débris de coquilles. Cette espèce est connue en Bretagne depuis un siècle. Son plumage blanc et noir rappelle celui de la pie et son bec rouge mesure environ quarante centimètres.

264 **Recopie ces phrases. Souligne chaque préposition et le complément qu'elle introduit. Indique s'il s'agit d'un complément de nom ou d'un complément circonstanciel de temps, de lieu, de manière ou un complément d'objet.**

a) Vous pouvez sortir par la porte de derrière.
b) Si vous entrez sans autorisation, vous risquez une amende.
c) Je ne lis pas l'avenir dans une boule de cristal !
d) Le biathlon se pratique en montagne pendant l'hiver.

Synthèse 3

265 **Recopie chaque phrase, puis souligne un mot de chaque catégorie demandée.**

a) **un déterminant démonstratif – un nom – un verbe**
Dans ce magasin, on ne vend pas d'alcool.

b) **un adjectif qualificatif – un pronom relatif – un pronom personnel**
Passe-moi le seau bleu qui est sous l'évier.

c) **un verbe – un nom propre – un adjectif qualificatif**
Bastia est l'une des deux principales villes de la Corse.

d) **un déterminant démonstratif – un adverbe de manière – un nom commun masculin**
Margot et son frère ont passé trois années dans ce lycée et ont facilement réussi leur bac.

e) **un adjectif qualificatif – un adverbe de temps – un pronom personnel**
Nous mangeons souvent dans cet excellent restaurant.

266 **Recopie chaque phrase, puis souligne un mot de chaque catégorie demandée.**

a) **un déterminant possessif – un pronom personnel – un article défini contracté**
Le lundi, pendant ton absence, je répondrai au téléphone.

b) **un article défini – un adjectif qualificatif – un verbe**
Une éclipse partielle a voilé le Soleil.

c) **un adverbe – un pronom démonstratif – un adjectif qualificatif**
Nous aimons bien cette antique poterie ; cependant, nous préférons celle-ci.

d) **un nom commun, féminin – un adverbe – un déterminant possessif**
Le matin, notre terrasse est très ensoleillée.

e) **deux pronoms personnels – une préposition**
Corentin me demande de lui acheter un carnet de timbres.

f) **un verbe – une préposition – une conjonction de coordination**
Ces populations vivaient de l'agriculture et de l'artisanat.

267 **Relève les noms et classe-les en deux colonnes : noms masculins et noms féminins.**

a) Caroline attend le bus pour se rendre au lycée.
b) Les pompiers ont éteint l'incendie dans l'usine de peinture.
c) Ce jeu nécessite une grande attention.
d) Une vive lumière inondait les champs.
e) Est-ce la Loire ou le Rhône le plus long fleuve de France ?

268 **Recopie ces phrases, puis souligne les noms et définis-les.**

Exemple : Ces lunettes me cachent la moitié du visage.
lunettes ➤ nom commun, féminin, pluriel
moitié ➤ non commun, féminin, singulier
visage ➤ non commun, masculin, singulier

a) La Birmanie est un pays où le tourisme commence à se développer.
b) Dans ce manuel, la découverte des notions nouvelles se fait par le jeu.
c) Les Écossais ont facilement gagné la rencontre.
d) Le futur comédien apprend son métier dans une école d'art dramatique.

269 **Dans ce texte, relève :**

a) **le nom propre ;**
b) **les noms communs, féminins, singuliers ;**
c) **les noms communs, masculins, singuliers ;**
d) **les noms communs, féminins, pluriels.**

La course se déroule sur un superbe circuit de dix kilomètres qui passe dans les rues de Paimpol. Deux côtes et un passage sur la plage agrémentent le parcours. Chaque arrivant reçoit un tee-shirt. L'épreuve est appréciée des coureurs pour son ambiance sympathique.

270 **Classe ces groupes nominaux en deux colonnes : groupes nominaux singuliers et groupes nominaux pluriels.**

des lettres – plusieurs feuilles – un tapis – trois roses – la qualité – ton choix – ce pilote – des creux – un calendrier – quelques points – l'hiver – un gant – des pancartes – mon avis – ces coloris – notre échiquier – ce prix

271 **Dans cette recette, indique si le, la, les ou l' sont des articles définis ou des pronoms personnels.**

Versez la farine dans le saladier.
Mélangez-la avec le sucre et le lait.
Cassez les œufs.
Battez bien les ingrédients.
Ajoutez les fruits et l'essence de fleur d'oranger.
Remplissez le moule beurré du mélange obtenu et mettez-le dans le four pendant 40 minutes.
Ne démoulez pas le gâteau.

272 **Indique si le, la, les, l' sont des articles définis ou des pronoms personnels.**

a) Laissons-la se débrouiller seule.
b) L'avion se rapproche ; nous l'entendons distinctement.
c) Tu n'as pas obtenu la meilleure note, loin de là...
d) Les pieds de Vanessa sont écorchés ; il faut les soigner.
e) Le numéro 12 vient avant le numéro 36.

273 **Recopie ce texte, puis souligne en bleu les verbes d'action et en rouge les verbes d'état.**

D'abord vivant de la chasse, de la pêche ou parfois de cueillette, l'homme devient progressivement un agriculteur. Il s'installe sur des terres et les cultive. Il peut ainsi nourrir une famille plus importante. Il était nomade ; il se sédentarise et vit en communauté. Puis, peu à peu, les cités remplacent les villages, le travail se spécialise et les premières formes d'écritures apparaissent.

274 **Dans ce texte, relève :**

a) **tous les verbes conjugués et donne leur infinitif ;**
b) **les verbes à l'infinitif.**

Les goélands d'ici partageaient sa façon de penser. Pour chacun d'eux, l'important était de voler et d'atteindre la perfection dans ce qu'ils aimaient le plus : voler. Ils étaient tous de magnifiques oiseaux et, heure par heure, chaque jour, ils s'exerçaient aux techniques aériennes les plus avancées. Longtemps Jonathan oublia le monde d'où il était venu, où les siens vivaient, aveugles aux joies du vol, ne se servant de leurs ailes qu'aux fins de trouver et de se disputer la nourriture. Puis, un jour, les souvenirs remontèrent un court instant à sa mémoire.

RICHARD BACH, *Jonathan Livingstone le Goéland*, trad. P. Clostermann, © Flammarion, 1973.

275 Recopie ces phrases, puis souligne en rouge les déterminants possessifs et en bleu les noms qu'ils déterminent.

a) Votre beau collier est composé de perles de nacre.
b) Dans ses yeux, on voit briller une lueur de joie.
c) Tristan a fait son service national dans la marine.
d) Notre ville possède un parc floral réputé.
e) Ils avaient épinglé sur leur blouson un petit ruban rouge.

276 Recopie chaque nom en le complétant avec un déterminant possessif.

... avenir	... signature	... journaux
... études	... lectures	... carrière
... décision	... rendez-vous	... ordinateur

277 Recopie ces phrases. Indique, sous chaque mot en gras, s'il s'agit d'un déterminant ou d'un pronom.

a) Jeremy **leur** recommande de nettoyer rapidement **leurs** vélos.
b) J'emprunte ton ballon ; je te **le** rendrai **cet** après-midi.
c) **La** famille Fontaine découvre **la** région Midi-Pyrénées et **elle** l'apprécie énormément.
d) Le directeur du personnel réunit **les** employés pour **leur** proposer des horaires aménagés. **Ceux-ci** seraient effectifs dès le mois prochain.
e) **Ce** jeu était vraiment **ce** qu'ils préféraient.
f) **Ce** vélo n'est pas **le sien**. C'est **celui** de Fabiola.
g) **Quelques** amis l'avaient prévenu : il **les** a ignorés, tant pis pour **lui** !
h) **Le** déménageur soulève **la** caisse, l'emporte, puis **la** dépose avec précaution dans **le** camion.

278 Recopie ces phrases, puis indique, sous chaque mot en gras, la classe à laquelle il appartient.

a) En hiver, on **taille** les arbres **fruitiers**.
b) Cette **taille** soignée permettra d'obtenir de beaux **fruits**.
c) **L'employé** a confié le dossier **à** son **supérieur**.
d) La nouvelle méthode **employée** a donné un rendement **supérieur**.
e) Je ne voyagerai pas en **car**, **car** je préfère le train.
f) La **principale** du collège reçoit les parents dans la **salle** de réunion.
g) La **principale** raison de **son** échec tient à son **manque** de préparation.
h) Il **manque** le **verre** de ta **montre**.
i) Alexandra te **montre** son nouveau **guide vert** du jardinage.
j) Le maître d'hôtel **guide** le groupe de touristes **vers** les places qui leur **sont** réservées.

279 Modifie les phrases suivantes en faisant varier le degré d'intensité d'un adjectif de la phrase en utilisant bien, extrêmement, super, très...

a) Dans le grand nord, l'été est court.
b) Un fruit charnu est un fruit recouvert d'une peau fine.
c) Dans un terreau humide, les plantes vertes se développent rapidement.
d) Beaucoup de serpents sont dangereux.

280 Relève chaque participe passé et écris le verbe à l'infinitif.

Une fois le projet de voyage établi, les navigateurs vikings restaient dépendants du vent ; il fallait souvent attendre des semaines qu'il soit devenu favorable. Quelquefois, le voyage lui-même était interrompu par une période de calme plat. Il arrivait également que, déroutés par des vents contraires, les Vikings s'égarent et aboutissent très loin du but fixé, ce qui permit d'ailleurs, par hasard, la découverte de terres nouvelles.

YVES COHAT, *Les Vikings, rois des mers*, © Éditions Gallimard, 1987.

281 Relève chaque participe passé et écris le verbe à l'infinitif.

Sur les pentes de la butte et à l'intérieur du retranchement, les arbres avaient été abattus pour construire le fortin et, par les souches, nous pouvions voir l'importance et la luxuriance du bosquet détruit. Le terrain avait été en grande partie emporté par la pluie et avait glissé faute de soutien naturel.

ROBERT LOUIS STEVENSON, *L'île au trésor*, trad. Michel Laporte, © Le Livre de Poche Jeunesse, 2007.

282 Relève chaque participe passé et écris le verbe à l'infinitif.

Il s'était passé quelque chose dans cette région où Antoine avait eu tant d'amis. De nombreuses cavernes avaient été murées, les cyprès annonçant une maison huguenote étaient abattus, les portes qui s'étaient ouvertes aux fugitifs restaient maintenant obstinément fermées, et plusieurs mas étaient vides, comme si leurs occupants avaient déserté un pays maudit. Antoine n'osait poser trop de questions aux gens des bourgs, de peur d'éveiller des soupçons, tant il les trouvait changés. Un berger qui avait nourri tous ses protégés quand il était venu avec Élie refusa de lui ouvrir, se contentant de passer par la chatière deux miches de pain et des olives.

SIGRID ET FRED KUPFERMAN, *La nuit des dragons*, Le Livre de Poche Jeunesse, 2007.

283 **Recopie ces phrases. Précise la nature de chaque pronom en gras et indique quel groupe du nom il remplace.**

Exemple : Cette maison est plus grande que la vôtre.
pronom possessif = votre maison

a) Tes plantations ont mieux réussi que **les miennes**.
b) Je ne connais pas le film **dont** tu me parles.
c) Virginie imagine toujours qu'**elle** est seule au monde !
d) En examinant l'état de ces voitures d'occasion, notamment de **celle-ci**, vous comprenez bien que nous préférons garder **la nôtre**.
e) Mes parents ont remplacé la moquette **que** la fuite d'eau avait dégradée.
f) Tu reclasseras les documents sur **lesquels** nous travaillons.
g) Maéva et Laura disent à Mélissa : « Téléphone à Jennifer, demande-**lui** de **te** rendre tes cassettes et redonne-**nous les nôtres**. »

284 **Recopie ce texte, puis souligne les prépositions et entoure les conjonctions de coordination.**

Dans le car de ramassage scolaire, les enfants n'arrêtent pas de parler. Camille est montée sans un mot et est allée s'installer à l'arrière, sur la dernière banquette. Elle a collé son visage à la vitre. Elle est furieuse contre Jasmina, donc elle voudrait repartir pour la campagne, avec ses parents et son chien, mais surtout quitter cette banlieue où elle n'est qu'un visage parmi d'autres.

285 **Recopie les phrases en remplaçant chaque groupe nominal en gras par le pronom qui convient, de façon à éviter les répétitions.**

a) Je ne peux pas regarder l'émission, alors j'enregistre **l'émission**.
b) Je me suis trompé de blouson ; j'ai pris **ton blouson**.
c) Nous n'apprécions pas cette bande dessinée-ci, mais nous aimons bien **cette bande dessinée-là**.
d) Nous avons beaucoup apprécié cet hôtel, alors nous recommanderons **cet hôtel** à nos amis.
e) Mohamed découpe des images et colle **les images** afin d'illustrer son cahier d'histoire.
f) J'adore ton gâteau de riz, mais je n'aime pas **le gâteau de riz** de tante Léonie.

★ **286** **Relève dans le texte :**

a) **un verbe conjugué ;**
b) **un verbe à l'infinitif ;**
c) **un participe passé ;**
d) **un nom commun, masculin, pluriel ;**
e) **un nom commun, féminin, singulier ;**
f) **un nom propre ;**
g) **trois adjectifs qualificatifs ;**
h) **un déterminant possessif ;**
i) **un déterminant démonstratif ;**
j) **un article défini, masculin, pluriel ;**
k) **un article indéfini, féminin, singulier ;**
l) **un pronom personnel sujet ;**
m) **une préposition ;**
n) **un adverbe.**

Le conducteur de la voiture, un homme corpulent d'une bonne cinquantaine d'années, scrutait les alentours d'un regard furieux et hésitant. Son gros visage rougeaud, luisant de sueur, attestait de l'accablante chaleur qui régnait dans la voiture. En temps ordinaire, l'inspecteur Archibald Hurst, de Scotland Yard, aurait peut-être apprécié la douceur d'un relief qui alternait les vertes prairies et les vignobles baignant dans un calme profond. Il aurait également été sensible au charme discret de ces villages qui se succédaient, révélant de belles églises romanes aux pierres blondes et aux façades minutieusement sculptées. Mais [...] voilà plus d'une heure qu'il tournait en rond, à la recherche du hameau où s'était retiré pour quelques jours son ami Twist, docteur en philosophie et surtout détective amateur prêtant volontiers main-forte à la police pour résoudre les crimes les plus mystérieux.

PAUL HALTER, *Meurtre à Cognac*, © Hachette Jeunesse, 1999.

III
LES FONCTIONS

Nature et fonction

Aide-mémoire

Un mot appartient généralement à une seule classe grammaticale : c'est sa nature.

Selon son rôle dans la phrase, un même mot peut avoir des fonctions différentes.

Exemple : Cette maison est très moderne.

(maison : nom : sujet du verbe)

Mes parents vendent notre maison.

(maison : nom : c.o.d. du verbe)

Certains mots peuvent appartenir à deux classes de mots différentes, selon leur utilisation.

Exemples : Les pauvres s'entassaient autour de la ville.

(pauvres : nom)

Ce pauvre chien me fait pitié.

(pauvre : adjectif qualificatif)

Les épreuves étaient difficiles mais je les ai assez bien réussies.

(Les : article ; les : pronom personnel)

Travail oral

★ **287 Quelle est la nature de chaque mot en gras ? Indique s'il est sujet ou complément du verbe.**

a) Ce **volcan** est régulièrement en éruption.
b) Il est interdit de s'approcher de ce **volcan**.
c) Mon oncle Yvan élève des **ânes**.
d) Depuis très longtemps, les **ânes** sont utiles aux hommes.
e) **Elle** dit n'importe quoi, ne t'occupe pas d'**elle**.
f) Les dauphins possèdent-ils un **langage** ?
g) Le **langage** est-il une particularité des hommes ?
h) Les premiers êtres vivants sont apparus dans la **mer**.
i) À cette époque de l'année, la **mer** est encore froide.
j) Un **sourire** fait toujours plaisir !
k) Difficile de ne pas **sourire** en voyant ton accoutrement !

288 **Donne la nature de chaque mot en gras.**

a) Ne chante pas trop **fort**.
b) C'est **la** seule clé : je te **la** confie mais **garde**-la dans un endroit **sûr**.
c) Nous irons **goûter sur** la **terrasse**.
d) Le catcheur **terrasse** enfin son adversaire.
e) Chic, c'est l'heure du **goûter** !
f) Un **garde** interdisait l'entrée du domaine.

Exercices

289 **Donne la nature de chaque mot en gras, puis indique s'il est sujet ou complément du verbe.**

a) Toute la **classe** était assise sur l'herbe.
b) Nous rentrerons en **classe** après la récréation.
c) Depuis des mois, les **lapins** avaient investi le **moulin**.
d) Près du **moulin** vivaient d'innombrables **lapins**.
e) Le **moulin** était en ruine et les **lapins** en étaient les seuls occupants.

★ **290** **Indique, pour chaque mot en gras, s'il est déterminant ou pronom.**

a) **Ce** soir, **ce** sera soupe pour tout **le** monde !
b) Dans **la** nuit, on **le** distinguait à peine avec ses vêtements sombres.
c) **Le** mélèze a des aiguilles mais l'hiver, il **les** perd.
d) Katia est trop gentille : **elle** ne pense jamais à **elle**.

291 **Donne la nature de chaque mot en gras.**

a) Je vous **place** ici mais vous pourrez changer de **place** dès demain.
b) Tout le **haut** de l'immeuble était dans le brouillard.
c) Il leva **haut** la main et nous fit un **signe** d'adieu.
d) Coline **signe la** lettre, puis **la** glisse dans l'enveloppe.
e) **Ce haut** mur n'est pas **ce** qui se fait de plus joli !
f) Allons à la boulangerie à pied : autant joindre l'**utile** à l'**agréable**.
g) Ce vent **fort n'**est **pas** particulièrement **agréable**.
h) Allons faire quelques **pas** : cela sera **utile** à notre réflexion.

★ **292** **Donne la nature de chaque mot en gras.**

Le saut à la perche est une **épreuve** d'athlétisme qui consiste, après avoir effectué une course d'élan d'une cinquantaine de **mètres**, à franchir, à l'aide d'une perche souple, une barre **horizontale** placée à plusieurs mètres de **hauteur**, sans faire tomber **cette** dernière. La perche est faite en fibre de verre et en fibre de carbone et **peut** plier ; cependant, **cela** n'a pas **toujours** été le cas. Lors de **leur** invention dans la Grèce **antique** et dans d'autres régions du monde, les perches étaient en bois et ne pliaient pas...

J'écris...

★ **293** **Écris deux phrases avec chaque mot.**

Exemple : classe (nom) et classe (verbe)
➤ Je sors de la classe. Je classe mon courrier.

a) la (article) et la (pronom personnel)
b) lance (nom) et lance (verbe)
c) son (nom) et son (déterminant possessif)
d) jeune(s) (nom) et jeune (adjectif qualificatif)

Je travaille seul(e)

corrigé p. 220

294 **Donne la nature de chaque mot en gras.**

Selon les **régions** du monde, on **cuisine** et **on** mange des plats **différents**. **Chaque** pays a **ses** propres spécialités. En **Italie**, par exemple, la **cuisine** est à base de pâtes, on **épice** beaucoup les plats en Afrique du Nord, les **Japonais** **apprécient** le poisson cru, le curry est une **épice** très utilisée en Inde et tout **le** monde connaît la **paella**, symbole de la cuisine **espagnole**.

Le sujet du verbe

Aide-mémoire

On identifie le **sujet du verbe** en posant la question **Qui est-ce qui ?** ou **Qu'est-ce qui ?** avant le verbe.

Le sujet du verbe peut être un **nom (commun ou propre)**, un **groupe nominal**, un **pronom**, un **verbe à l'infinitif** ou **toute une proposition**.

Exemples : Tanguy hisse la voile. (Le sujet est un nom propre.)

Tanguy : sujet ; hisse : verbe

S'entendre était impossible. (Le sujet est un verbe à l'infinitif.)

S'entendre : sujet ; était : verbe

La ville où je suis né se trouve en Picardie. (Le sujet est une proposition.)

La ville où je suis né : sujet ; se trouve : verbe

Passe-moi le savon qui est sur l'évier, si tu veux bien. (Les sujets sont des pronoms.)

qui : sujet ; est : verbe ; tu : sujet ; veux : verbe

Travail oral

295 Pour chaque phrase, relève le verbe conjugué avec son sujet.

a) Les petites pousses de blé ressemblent à de l'herbe.
b) Ce matin, un accident a eu lieu au coin de notre rue.
c) Paul et Chloé passeront nous voir cet après-midi.
d) Comme d'habitude, il est en retard !
e) Nous la lui rendrons demain matin au plus tard.
f) Dans quelques années, on en reparlera.
g) Dans la cocotte mijote un ragoût odorant.

296 Dans ces phrases, relève chaque verbe conjugué avec son sujet.

a) Les grands voiliers viraient, louvoyaient, luttaient bord à bord et offraient un spectacle qui réjouissait les milliers de spectateurs postés sur les falaises.
b) La composition de l'équipe de France de rugby sera annoncée cet après-midi par le sélectionneur national.
c) Les fleurs, les légumes et les arbres fruitiers étaient magnifiquement ordonnés.
d) Les feuilles, poussées par le vent du nord, tourbillonnent au-dessus du chemin.
e) De la cuisine se dégage une agréable odeur de thym.
f) Pour cette épreuve de course à pied, les meilleurs coureurs départementaux seront présents.

Exercices

297 **Écris le sujet de chaque verbe en gras. Pose la question Qui est-ce qui ? ou Qu'est-ce qui ?**

a) Courir **muscle** les mollets.
b) Dans ce buisson **se cache** un mulot.
c) Les bulbes que je plante **pousseront** au printemps.
d) Les champs de colza, au mois d'avril, **sont** tout jaunes.
e) Les fruits du hêtre **s'appellent** des faines.
f) L'île où je vais **se trouve** au large de l'Écosse.

298 **Dans ces phrases, relève chaque verbe conjugué avec son sujet.**

Exemple : Nous partirons très tôt, car la route est longue.
➤ Nous partirons ; la route est

a) Ils couraient, sautaient, se bousculaient et rien ne pouvait les arrêter.
b) Dans une semaine se termineront les vacances et nous devrons rentrer.
c) Allongés sur la pelouse, les deux garçons observaient le ciel étoilé.
d) Papa et maman inspectaient la cuisine, Aurélie courait dans les étages, Pierre arpentait le jardin, chacun était à la joie de la découverte de la nouvelle maison.
e) Nous prendrons la route à 8 heures et devrions arriver vers 11 heures.

299 **Dans ces phrases, relève chaque verbe conjugué avec son sujet.**

a) Axel maniait avec dextérité la manette de sa console de jeux et de petits personnages, visiblement équipés de chaussures à ressorts, bataillaient sur l'écran.
b) Le champion a participé à la première édition de cette nouvelle épreuve et l'a facilement gagnée.
c) Ses yeux verts, où brillait une lueur malicieuse, lui donnaient, malgré ses cheveux grisonnants, un air d'adolescent.
d) Pierre Saulis, le rapide attaquant toulousain, parti de sa moitié de terrain, prend de vitesse le défenseur adverse et, tranquillement, va tromper le gardien de but.
e) Le livre que je lis est de Michel Tournier.

300 **Dans ce texte, relève chaque verbe conjugué avec son sujet.**

Les forts de Maurienne – En 1885, deux forts sont chargés de barrer la Maurienne à hauteur de Modane. Le Sapey, le plus élevé, surveille les lointains et peut battre les abords du second ouvrage, le Replaton. Situé plus bas, celui-ci peut interdire tout mouvement dans la vallée. Les canons étaient à l'air libre. Les progrès rapides de l'artillerie imposent bientôt de protéger ces batteries par des carapaces épaisses de béton. Tout autour de Modane, le programme Maginot a multiplié des ouvrages peu visibles. Presque tout y est souterrain.

J'écris…

301 **Écris des phrases à partir des deux listes proposées.**

Le muguet des bois	se déplacent en bandes.
Les handballeurs de Montpellier	grogne toujours.
Les loups du parc naturel	remportent la victoire.
Le chien des Martin	sent fort.
Les chèvres de M. Seguin	s'enfuyaient toujours.

302 **Observe ce petit texte et invente à ton tour un texte sur le même modèle, en alternant les sujets singuliers et pluriels.**
Choisis un thème : La forêt – La ferme – La mer – La montagne…

Un lion qui patine en tutu blanc
Deux crevettes qui font du trapèze
Un ours polaire qui marche sur un fil
Dix grenouilles qui jouent de la trompette
Une girafe qui jongle avec des étoiles bleues
Trois hamsters qui réalisent des tours de magie
Un éléphant qui se balance en chantant une berceuse
Mais, par saint Dominique, qu'est-ce que c'est que ce cirque ?

Je travaille seul(e)

corrigé p. 220

303 **Dans ces phrases, relève chaque verbe conjugué avec son sujet.**

a) Les tables étaient dressées à l'ombre des acacias et présentaient un buffet varié et copieux.
b) Une péniche glisse sur le canal où se reflètent les vieilles maisons à colombages.
c) Un journal quotidien présente les informations les plus récentes et les commente.
d) Les raisons que vous me donnez sont bonnes.
e) Le sous-préfet, le commandant de gendarmerie et le capitaine des pompiers attendaient.

Compléments essentiels et compléments circonstanciels

Aide-mémoire

Un **complément essentiel** dépend directement du **verbe**. Il ne peut généralement **pas être déplacé** dans la phrase. C'est le cas des compléments d'objet.
Un **complément circonstanciel** n'est pas indispensable dans la phrase et **peut être déplacé** ou **supprimé**. C'est le cas de la plupart des compléments de temps, de lieu, de manière...

Exemple : J'ai étalé de la confiture de myrtilles sur ma tartine.
(de la confiture de myrtilles : c. essentiel ; sur ma tartine : c. circonstanciel)

➤ **Sur ma tartine, j'ai étalé de la confiture de myrtilles.**
(Sur ma tartine : c. circonstanciel ; de la confiture de myrtilles : c. essentiel)

Travail oral

304 Essaie de déplacer ou de supprimer chaque complément souligné. Indique ensuite s'il est essentiel ou circonstanciel.

a) Ce matin, nous sommes sortis pour aller au marché.
b) Les plantes absorbent le gaz carbonique et le transforment en matière végétale.
c) Une partie de l'eau de pluie s'infiltre dans le sol.
d) Par évaporation, un arbre adulte perd plus de 200 litres d'eau à l'heure.
e) Avant d'être agriculteur et éleveur, l'homme vivait de chasse, de pêche et de cueillette.
f) À l'intérieur de certains fruits, on trouve un noyau.
g) Les carpes cherchent leur nourriture dans la vase à l'aide de leurs barbillons.

305 Indique, pour chaque complément souligné, s'il est essentiel ou circonstanciel.

a) La vie moderne a provoqué de nombreuses pollutions.
b) La tempête Xynthia a touché la côte vendéenne.
c) De nos jours, tous les glaciers du monde perdent du volume.
d) Les pluies acides tuent la vie dans les lacs et les étangs.
e) Dans plusieurs pays d'Europe, on apprend à l'école à trier les déchets.
f) Avec ses fortes griffes, le blaireau creuse des terriers.
g) Le terrier du blaireau comporte des galeries, des chambres et de nombreuses sorties.
h) On élève les moules sur des poteaux de bois.

Exercices

306 **Recopie ces phrases et indique, sous chaque complément souligné, s'il est essentiel ou circonstanciel.**

a) Nous pique-niquerons à midi sur la pelouse du square.
b) La forêt méditerranéenne est essentiellement composée de plantes à feuilles coriaces et persistantes.
c) De plus en plus de gens recherchent des produits « bio ».
d) Depuis longtemps, la France exporte une grande partie de sa production de vin.
e) Le mois prochain, nous prendrons notre camping-car pour partir en vacances.

307 **Complète avec un complément essentiel.**

a) J'ai du mal à différencier ...
b) Les élèves empruntent ...
c) Nous parlons ...
d) Le professeur remercia ...
e) Mon grand-père se souvient ...
f) Les élèves écrivent ...

308 **Complète avec un complément circonstanciel.**

a) Minet dort ...
b) Adrien se faufile ...
c) Ce groupe randonnait ...
d) Le bateau tanguait ...
e) De l'eau gouttait ...
f) L'écureuil saute ...

309 **Complète avec un complément essentiel et un complément circonstanciel que tu pourras également placer en début de phrase.**

a) Alexandre dispose ...
b) Nous suspendrons ...
c) Les touristes visiteront ...
d) Les chasseurs traquent ...
e) Anna vaporise ...

J'écris...

310 **Utilise chaque verbe dans une phrase qui contiendra au moins un complément. Indique la nature de chaque complément.**

modifier – mentir – grelotter – envahir – déguster

311 **À partir des verbes et groupes nominaux ci-dessous, construis quatre phrases sur ce modèle :**
complément circonstanciel + sujet + verbe + (complément essentiel et complément circonstanciel ou complément circonstanciel et complément essentiel).
Tes phrases peuvent être fantaisistes mais elles doivent être grammaticalement correctes !

acheter – manger – construire – appeler – posséder – au bout de la rue – dans le jardin – au fond de la cour – chez Tante Lafleur – Chaque samedi – à la ferme – Au mois de juillet – Le mercredi – Vers 10 heures – tranquillement – avec douceur – patiemment – bizarrement – une tomate – deux cow-boys – un zèbre – un chat noir – une momie – Raoul Dupont – une cabane – Léonard – une navette spatiale – des libellules – un plat de nouilles – le chien Brutus – un collier magique

Je travaille seul(e)

corrigé p. 220

312 **Recopie ces phrases et indique sous chaque complément souligné s'il est essentiel ou circonstanciel.**

a) Au XIIIe siècle, on voit naître les universités.
b) Le système nerveux regroupe les centres nerveux et les nerfs.
c) Le 4 octobre 1957, l'Union soviétique a lancé le premier satellite artificiel.
d) Pour traiter une maladie, on distingue les traitements médicaux et les traitements chirurgicaux.
e) Le navire a démâté en raison d'une mer déchaînée et d'un vent tempétueux.

313 **Dans ce texte, indique si les compléments soulignés sont essentiels ou circonstanciels.**

J'ai vu, de mes yeux vu, le client inconnu boire un livre. Non, je n'ai pas la berlue. Pendant cinq minutes, il s'est promené dans les rayonnages. Les yeux fermés, il se déplaçait en silence, les bras tendus droit devant lui. On aurait dit qu'il écoutait le bruit des livres.
Subitement, il a saisi un p'tit bouquin et tout est devenu encore plus fou.
Il ne l'a pas ouvert. Il a seulement écarté les pages du milieu et là, dans la fente ainsi pratiquée, il a planté une paille tout juste sortie de sa poche. Sa bouche s'est mise à aspirer. Sur son visage, il y avait du plaisir comme si le livre contenait du jus d'orange et des glaçons. Il faut dire qu'il faisait très chaud ; un temps à ne pas s'aventurer dans une librairie.

ÉRIC SANVOISIN, *Le buveur d'encre*, coll. « Premiers romans », © Éditions Nathan, 2005.

Le complément d'objet direct

Aide-mémoire

Le **complément d'objet direct (c.o.d.)** est souvent un nom ou un groupe nominal qui désigne la personne, l'animal ou la chose **sur qui s'exerce l'action** exprimée par le verbe.

Exemple : Le chat capture une souris.
(Le chat = sujet : fait l'action ; une souris = c.o.d. : subit l'action)

On peut identifier le c.o.d. du verbe en posant la question **Qui ?** ou **Quoi ? après le verbe**.

Exemple : Je n'ai pas utilisé ma calculatrice.
➤ **Je n'ai pas utilisé (Quoi ?) ma calculatrice.**

Le c.o.d. est souvent un nom ou un groupe nominal, mais ce peut être aussi :

– un pronom personnel (le, la, les, l', te, nous…) ;
Exemple : Je nettoie mes chaussures, puis je les range sur une étagère.
(mes chaussures = c.o.d. ; les = c.o.d.)

– un verbe à l'infinitif ; **Exemple : Il aime marcher.**
(marcher = c.o.d.)

– toute une proposition. **Exemple : Rayan trouve que ton idée est amusante.**
(que ton idée est amusante = c.o.d.)

On ne peut trouver un c.o.d. qu'après un verbe d'action, jamais après un verbe d'état.

Les principaux verbes d'état sont : être, paraître, sembler, devenir, demeurer, avoir l'air…

On peut trouver un c.o.d. derrière un verbe à l'infinitif.

Exemple : impossible de retrouver mes lunettes.
(mes lunettes = c.o.d.)

Travail oral

314 Lis ces phrases, puis relève les c.o.d.

a) Ce joueur a marqué un joli but.
b) Nous envoyons une lettre à nos parents.
c) Pendant les vacances, nos voisins ramasseront notre courrier.
d) Samedi, sur le marché, j'ai rencontré un ancien camarade de classe.
e) Souvent, le dimanche, Élodie prépare une tarte pour ses parents.

315 **Lis ces phrases. Relève uniquement celles qui contiennent au moins un c.o.d.**

a) Nous branchons une nouvelle imprimante sur notre ordinateur.
b) Le vendeur m'a proposé la reprise de notre ancienne voiture.
c) Le marin enfila son ciré, ajusta sa casquette et sortit sur le pont.
d) Le sentier s'enfonçait dans la forêt et son tracé devenait incertain.

Exercices

316 **Recopie ces phrases, puis souligne les c.o.d.**

a) Avant le concert, les musiciens accordent leurs instruments.
b) Les jardiniers plantent des tulipes devant la mairie.
c) À travers les vitres du TGV, les enfants observent le paysage.
d) Ce pâtissier réalise le meilleur gâteau au chocolat de la région.
e) Ce livre nous apporte une multitude d'informations.

317 **Recopie ces phrases, puis souligne les c.o.d.**

a) Mon oncle et ma tante m'ont offert un vélo tout-terrain.
b) Manges-tu une pomme ?
c) Avant de commencer à jouer, Jérémy doit insérer un DVD dans l'ordinateur.
d) L'expédition du navigateur portugais Magellan découvrit le détroit qui porte le nom de son capitaine en 1520.
e) Qui a emprunté le dictionnaire des synonymes ?

318 **Recopie seulement les phrases qui contiennent un c.o.d. ; souligne-le.**

a) Nous ouvrons notre livre à la première page.
b) Mon oncle ne joue au golf que durant ses vacances.
c) Tu écoutes toujours le même CD !
d) Échangerais-tu ton bracelet avec le mien ?
e) Sur la piste, les voitures tournaient depuis plus d'une heure.

★ **319** **Recopie seulement les phrases qui contiennent un (ou deux) c.o.d., puis souligne-le(s).**

a) Les sauveteurs abandonnent les recherches et descendent dans la vallée.
b) J'ai rencontré Alison en Italie alors que je visitais Florence.
c) Des centaines de phoques avaient envahi la grève et dormaient au soleil ou jouaient dans l'eau.
d) La prochaine édition de cette foire à la brocante aura lieu en automne.
e) Au carrefour, vous continuerez à droite.

320 **Recopie ces phrases. Indique si chaque groupe nominal en gras est sujet ou c.o.d. du verbe.**

a) Sur la branche se pose **un oiseau**.
b) Flavie mange **un demi-pamplemousse** chaque matin.
c) Dans cette boîte, ma grand-mère rangeait **ses tisanes**.
d) Avec grâce, sur la glace luisante, se déplace **un patineur**.
e) Samedi prochain, on fêtera **ton anniversaire**.

321 **Recopie chaque mot ou groupe nominal en gras et indique s'il s'agit d'un c.o.d.**

a) Anne-Sophie connaît par cœur **sa leçon**.
b) Elle est **appliquée** et courageuse.
c) Elle joue **dehors** quand son travail est terminé.
d) Parfois, elle regarde **un feuilleton** à la télévision.
e) Le livre qu'elle lit en ce moment paraît **passionnant**.
f) Elle aime également **marcher.**

322 **Recopie seulement les phrases qui contiennent un c.o.d. ; souligne-le.**

a) Cette proposition est intéressante ; je donnerai ma réponse demain.
b) Diane est dessinatrice de bandes dessinées et prépare un nouvel album.
c) Dans cette cuisine, les couleurs sont vraiment très vives.
d) L'équipe suédoise a gagné sa demi-finale et paraît imbattable.
e) Économiser les ressources de la nature par le recyclage des matières premières est une priorité pour l'avenir.

323 **Recopie seulement les phrases qui contiennent un c.o.d. ; souligne-le.**

a) Dans les années à venir, cette région deviendra un parc naturel.
b) Vous obtiendrez des informations en écrivant à la Maison du tourisme.
c) Après la réunion, on mangera sur place.
d) Lequel d'entre vous est capitaine de l'équipe ?
e) Sur la vallée endormie, doucement tombe la neige.

★ **324** **Recopie ces phrases en écrivant en rouge les mots en gras seulement quand ils sont c.o.d.**

a) **Les** hommes ont commencé à enterrer leurs morts il y a près de 10 000 ans. Ils ne voulaient plus **les** abandonner.
b) Ils attrapaient **les** animaux en **les** prenant au piège.
c) Pendant le néolithique, l'homme commence à travailler **la** terre, à **la** cultiver.
d) L'homme de Cro-Magnon ignorait **l'**écriture, mais était un artiste. Les peintures sur les murs des grottes **le** prouvent.

★ **325** **Recopie ce texte, puis souligne les c.o.d.**

Le territoire des girafes du Niger s'est étendu. Elles occupent parfois des champs et boivent la même eau que le bétail. Mais leur cohabitation avec les habitants du Niger se passe bien. Ils les protègent et ils espèrent qu'elles recevront la visite de touristes.

Le Petit Quotidien, n° 3008 du 18/11/2009.
Le quotidien d'actualité dès 6 ans, www.playbac.fr

★ **326** **Recopie ces phrases, puis souligne les c.o.d.**

a) Je n'aime pas la bousculade, alors je préfère attendre ici.
b) Rémi brosse ses chaussures, puis les cire.
c) Cette carte postale mériterait d'être encadrée.
d) Les experts pensent que la catastrophe aurait pu être évitée.
e) Nous t'accompagnerions volontiers si nous avions nos vélos.
f) Ce soir, inutile de regarder la télévision.

J'écris...

327 **Observe ce texte, sur le thème Partir, construit à partir de verbes à l'infinitif suivis d'un c.o.d.**

Sortir les plantes
Vérifier son passeport
Fermer les volets
Descendre l'escalier
Regarder le ciel
Avancer encore d'un pas
Vider la poubelle
Boucler son sac
Clore sa porte
Lever la tête
Avancer d'un pas
Partir.

Écris ensuite ton propre texte, obéissant aux mêmes consignes, à partir de l'un des thèmes suivants :

Écrire – Voyager – Pêcher – Apprendre – Jouer

★ **328** **Recopie ces phrases, puis souligne les c.o.d. Modifie ensuite ces phrases selon l'exemple et souligne le pronom personnel c.o.d.**

Exemple : Nous prendrons la photo une fois arrivés au sommet.
➤ La photo, nous la prendrons une fois arrivés au sommet.

a) Nous goûterons ce gâteau ce soir.
b) Mon petit frère collectionne les toupies.
c) Théo et Louise découvrent la Crète avec plaisir.
d) Les élèves vendent ces maillots pour financer leur classe de mer.
e) Vous aurez la réponse dans le magazine de la semaine prochaine.

Je travaille seul(e)

corrigé p. 220 et 221

329 **Classe ces débuts de phrases dans un tableau comme celui-ci.**

Tu peux ajouter un c.o.d. après le verbe.	Tu dois ajouter un c.o.d. après le verbe.	Il est impossible d'ajouter un c.o.d.

a) Sur le chemin de la piscine, Ali a trouvé ...
b) Durant l'entracte, les spectateurs se lèvent ...
c) Comme il a faim, Ethan mange ...
d) Après leur excursion dans le désert, les touristes se lavent ...
e) Nous avons beaucoup de chance, car la mairie offre ...
f) Dans le bus qui les ramène du théâtre, les enfants s'endorment ...
g) Avec son bras tendu, le gardien nous indique ...
h) Tout au fond de la salle, une dame leva ...
i) Un nouveau scandale a éclaté ...

★ **330** **Recopie ces phrases, puis souligne les c.o.d. Modifie ensuite ces phrases selon l'exemple et souligne le pronom personnel c.o.d.**

Exemple : Nous passerons les vacances en Normandie.
➤ Les vacances, nous les passerons en Normandie.

a) Agathe prépare son sac de sport avant le tournoi de samedi.
b) Jean-Baptiste range sa chambre avant le retour de sa maman.
c) Presque chaque samedi, monsieur Fontaine nettoie les vitres de sa véranda.
d) Sur Internet, Lilia a trouvé des informations pour son exposé.
e) Dès le début du spectacle, le public acclama le chanteur.

Le complément d'objet indirect
Le complément d'objet second

Aide-mémoire

Le **complément d'objet indirect (c.o.i.)** est introduit par une **préposition** (à, de...) sauf dans le cas des pronoms personnels compléments.
On peut identifier le c.o.i. en posant les questions : **À qui ?**, **À quoi ?** , **De qui ?** ou **De quoi ?** après le verbe.

Exemples : Edwin repensait à ses vacances d'hiver.
(à ses vacances d'hiver : À quoi ? c.o.i.)

Sam lui indique la bonne direction.
(lui : À qui ? c.o.i.)

Comme pour le c.o.d., on peut trouver un c.o.i. après un verbe à l'infinitif.

Exemple : On peut répondre à cette lettre.
(à cette lettre : À quoi ? c.o.i.)

Le complément d'objet indirect prend le nom de **complément d'objet second (c.o.s.)** quand il accompagne un c.o.d. (ou un autre c.o.i.)

Exemple : Monsieur Briand offre une bague à son épouse.
(une bague : c.o.d. ; à son épouse : c.o.s.)

Travail oral

331 Lis les phrases et relève les compléments d'objet indirect.

a) Depuis son départ, nous pensons beaucoup à Evan.
b) Nos activités dépendront de la hauteur de neige.
c) Les conducteurs se plaignent du mauvais état de la route.
d) Les élèves, au mois d'avril, participeront à un tournoi de basket.
e) Ces garçons ne sont pas vraiment fâchés et nous croyons à leur réconciliation.
f) La mairie nous prévient du risque d'inondation.

★ **332 Lis les phrases et relève les compléments d'objet indirect.**

a) Je lui parle mais il ne me répond pas.
b) Je lui donnerai une carte plus précise.
c) Impossible de mentir à mes parents !
d) Mamie me répond enfin !
e) Ne me parle plus de Félix !

Exercices

333 Recopie ces phrases, puis souligne les c.o.i.

a) Les chauves-souris se pendent aux poutres de la grange.
b) Si j'hésite sur un mot, je me réfère toujours au dictionnaire.
c) Victor ne rechigne jamais à apporter son aide.
d) J'écrirai une carte à Lucie pour son anniversaire.
e) Madame Leroy s'offusque de ton langage grossier, ma chère Anne.
f) Le gardien se munit de son trousseau de clés pour aller faire sa ronde.

334 Recopie ces phrases, puis souligne chaque complément d'objet. Indique s'il s'agit d'un c.o.d. ou d'un c.o.i.

a) Baptiste parle souvent de son grand-père.
b) En visitant la cathédrale, Mélanie pensait aux ouvriers qui avaient construit l'édifice.
c) Le gardien de but se plaint de la lenteur de ses défenseurs.
d) Le capitaine du navire réfléchissait à la manœuvre.
e) L'entraîneur modifiera son équipe pour le prochain match.

★ **335 Dans ce texte, relève les c.o.d. et les c.o.i.**

Tu as de la chance de vivre dans un pays qui te respecte et qui fait respecter tes droits. La liste de tes droits est grande : tu as le droit d'aller à l'école, d'être soigné quand tu es malade, de faire des études pour apprendre un métier... Ces droits se réfèrent à la Déclaration des droits de l'enfant proclamée par l'ONU en 1959.
Mais ces droits ne vont pas sans obligations. Tu dois respecter les règles et les lois de ton pays. Par exemple, ne pas recourir à la violence.

★ **336 Recopie ces phrases, puis souligne chaque complément d'objet. Indique s'il s'agit d'un c.o.d., d'un c.o.i. ou d'un c.o.s.**

a) Je t'emprunte un stylo et je te le rendrai à la fin du contrôle.
b) Le facteur nous a indiqué un bon restaurant à la sortie du village.
c) Pour Noël, Bastien et Ophélie ont adressé une jolie carte postale à leurs grands-parents.
d) Puisque vous adorez ces chocolats, je penserai à vous en revenant de Belgique.
e) Je m'étonne de ton manque de sérieux et je te le fais remarquer.

★ **337** **Recopie ces phrases, puis souligne chaque complément d'objet. Indique s'il s'agit d'un c.o.d., d'un c.o.i. ou d'un c.o.s.**

a) Alexandre montre ses photos de vacances à Valentin.
b) Demain, je parlerai à nos voisins du projet de jardin public.
c) Avec cette console, vous lui faites un beau cadeau.
d) Je t'emprunte ta règle mais je te la rends dans cinq secondes.
e) Les élèves préparent un dossier sur le loup et le rendront au professeur la semaine prochaine.

J'écris...

338 **Le pense-bête de monsieur Lemoine.**

Monsieur Lemoine est très étourdi... Afin de ne pas oublier les tâches qu'il a à faire, il les a notées... Invente à ton tour quelques tâches, qui pourront évidemment être très fantaisistes, sur ce même modèle :

verbe à l'infinitif + c.o.d. + c.o.s. ou c.o.s. + verbe à l'infinitif + c.o.d.

Donner deux boules de glace à la vanille aux poissons rouges.
Envoyer un colis de vieux harengs fumés à mademoiselle Lafleur.
Me préparer un sandwich à la pelure d'oignon.
...

Je travaille seul(e)

corrigé p. 221

339 **Recopie ces phrases, puis souligne chaque complément d'objet. Indique s'il s'agit d'un c.o.d. ou d'un c.o.i.**

a) La famille Chevallier ne regarde pas à la dépense.
b) Comptes-tu voir un médecin pour soigner cette toux ?
c) Le maire dévoilera samedi le projet de la nouvelle école.
d) Victor et Noé rejoueront de l'accordéon pour la fête de l'école.
e) Je me tais mais je ne renonce pas à mon projet.

★ **340** **Recopie ces phrases, puis souligne chaque complément d'objet. Indique s'il s'agit d'un c.o.d., d'un c.o.i. ou d'un c.o.s.**

a) Les militaires parachutent des vivres aux populations sinistrées.
b) Valérie montre un vieil album de photos à ses enfants.
c) Gabriel ne renonce pas à apprendre les échecs.
d) Flore nous demande un peu de patience.
e) La ville a offert un repas aux responsables d'association.

Les compléments circonstanciels

Aide-mémoire

Les **compléments circonstanciels (c.c.)** nous renseignent sur les **circonstances de l'action**.

Exemple : Chaque dimanche matin, Fabien va courir autour de l'étang.

Quand ? (Chaque dimanche matin) — Où ? (autour de l'étang)

Les compléments circonstanciels (nom, pronom, adverbe, proposition...) peuvent généralement être déplacés ou supprimés.

Les principaux compléments circonstanciels précisent le **lieu** (Où ?), le **temps** (Quand ?), la **manière** (Comment ?), la **cause** (Pourquoi ?).

Exemple : Nous reviendrons en été, car le temps sera plus chaud.

Pourquoi ? c.c. de cause (car le temps sera plus chaud)

Il existe cependant beaucoup d'autres compléments circonstanciels.

Travail oral

341 Indique, pour chaque mot ou groupe de mots en gras, s'il s'agit d'un complément circonstanciel.

a) Les gouttes tombent **contre les vitres**.
b) Sur le tapis, dormait **le gros chat gris**.
c) **Samedi**, nous avons acheté un lit.
d) Charlotte a trouvé **du travail** dans un supermarché.
e) **Au fond de la vallée** coule une jolie rivière.
f) Geoffroy a appelé son professeur **de guitare**.
g) Le président du tribunal réclama **le silence**.
h) À l'abri des arbres, **sur le coteau**, on apercevait la maison.

342 Lis ces phrases et relève les compléments circonstanciels.

a) Le soir, les concurrents dressent le camp dans une clairière.
b) Il a fait beau tout l'été.
c) Pendant six semaines, le vendredi après-midi, nous allons à la piscine.
d) En été, le soleil se couche tard.
e) Karim joue au basket-ball avec beaucoup de plaisir.
f) Nous habitons à Paris depuis deux ans.
g) Le torrent disparaissait brutalement sous de gros blocs de rochers.
h) Sur la vitrine, le mot « soldes » était écrit avec d'énormes lettres dorées.

Exercices

343 Recopie ces phrases, puis souligne les compléments circonstanciels.

a) Le cirque a planté son chapiteau sur la place du marché.
b) Le voleur s'est introduit dans la maison.
c) Tous les soirs, je regarde avec attention la météorologie à la télévision.
d) Samuel dessine très méticuleusement.
e) Ma sœur a caché les clés sous le paillasson.
f) De nos jours, nous communiquons plus facilement avec Internet.

344 Recopie chaque complément en gras et indique la circonstance de l'action exprimée (lieu, temps ou manière).

Au fond du jardin, il y avait un énorme marronnier. Timmy et moi, nous avions commencé à construire une magnifique cabane **dans les branches**. Nous ne travaillions que **les week-ends**, mais tout avançait **à merveille**. **D'abord**, nous avions fabriqué le plancher, en clouant les larges planches sur deux branches. **En un mois**, le plancher était terminé. [...]
J'aperçus une femme **dans le jardin**. Elle me souriait **de façon bizarre**. Quand les gens sourient, leurs lèvres s'étirent **de chaque côté**. Les lèvres de cette femme s'étiraient **en hauteur**.

R. Dahl, *Sacrées Sorcières*, trad. Marie-Raymond Farré,
© Éditions Gallimard, 2007, © Roald Dahl Nominee Ltd.,1983.

345 Recopie ces phrases, puis souligne les compléments circonstanciels et indique la circonstance de l'action exprimée (lieu, temps ou manière).

a) Vercingétorix s'est rendu à Jules César à Alésia, en 52 avant Jésus-Christ.
b) Marie et Olivia ont préparé avec soin leur exposé.
c) Dans la cour, les élèves crient à tue-tête.
d) Nous avons déjeuné rapidement, puis nous sommes allés à l'école.
e) Martin ramasse des champignons avec délicatesse, dans la forêt.

346 Recopie ces phrases, puis souligne les compléments circonstanciels et indique la circonstance de l'action exprimée (lieu, temps ou manière).

a) Notre voisin a repeint en blanc sa salle à manger pendant les vacances.
b) Il a travaillé avec ardeur.
c) Brian traverse le carrefour avec précaution.
d) Le maître lit à haute voix ; Inès l'écoute attentivement.
e) À 10 h 20 retentit la sonnerie de la récréation.

347 **Recopie ces phrases en déplaçant les compléments circonstanciels.**

a) Il vaut mieux éviter cet endroit par mauvais temps.
b) La Météorologie nationale nous fournit chaque matin des renseignements très utiles.
c) À l'approche de la nuit, vous prendrez garde à ne pas vous égarer.
d) Ils installèrent le blessé avec d'infinies précautions.
e) Le chauffeur s'est garé avec prudence le long du quai.

348 **Recopie ces phrases. Souligne les compléments circonstanciels et indique la circonstance (temps, lieu ou manière).**

a) Je veux rester ici.
b) Je reviendrai quand vous voudrez.
c) Demain, nous irons au théâtre.
d) Nous vous écrirons dès que nous serons arrivés.
e) Je retourne immédiatement chez moi.
f) Mon oncle revient de la Guadeloupe.

349 **Recopie ce texte. Souligne les compléments circonstanciels et indique la circonstance.**

Des martinets se poursuivaient autour des toits et des mésanges piaillaient dans le figuier. Le jour poussait le volet de toutes ses forces. Le voyageur se réveilla brusquement, sauta sur le sol, regarda vers la porte comme s'il craignait qu'elle ne s'ouvrît brutalement, parut se détendre et marcha vers la fenêtre. Il l'ouvrit d'un geste vif et rabattit le volet.

JACQUES DELVAL, *Un barrage dans la vallée*, © Castor Poche-Flammarion, 1999.

350 **Recopie ces phrases. Souligne les compléments circonstanciels et indique la circonstance (temps, lieu ou manière).**

a) Hier, Clara a brillamment été reçue à son examen.
b) Le photographe sortit son appareil en silence.
c) Dans le couloir, les élèves se sont rangés sans bruit.
d) De la fenêtre de l'hôtel, on apercevait les bateaux qui rentraient au port.
e) Alors que le jour baissait, les promeneurs regagnèrent leurs voitures.

★ **351** **Recopie ce texte. Souligne les compléments circonstanciels et indique la circonstance.**

Un samedi matin, Lazare se réveilla à l'aube car il avait un étrange pressentiment. Il descendit l'escalier et, tout doucement, ouvrit la porte de la cuisine. Sous la table était posé un panier d'osier rempli d'orties. Sur la gazinière, une étrange mixture mijotait à petit feu...

352 **Recopie ces phrases et souligne chaque complément circonstanciel.**

a) Au décollage, la plus grosse fusée Ariane pèse 460 tonnes.
b) En février, Karima partira une semaine en Égypte avec ses parents.
c) Pour enfoncer ce poteau, ne travaille pas avec une pelle !
d) Nous avons annulé la randonnée en raison des fortes pluies prévues.
e) Nicolas prépare fiévreusement son concours d'orthographe.

353 **Dans ce texte, relève un complément de temps, six compléments de lieu et deux compléments de manière.**

À la campagne, près de la grande route, sur le devant d'une maisonnette se trouvait un petit jardin avec des fleurs et une palissade verte.
Non loin de là, sur le bord du fossé, au milieu de l'herbe épaisse, fleurissait une petite pâquerette. Grâce au soleil qui la chauffait de ses rayons aussi bien que les grandes et riches fleurs du jardin, elle s'épanouissait d'heure en heure. Un beau matin, entièrement ouverte, avec ses petites feuilles blanches et brillantes, elle ressemblait à un soleil en miniature entouré de ses rayons. [...] Elle était contente, aspirait avec délice la chaleur du soleil, et écoutait le chant de l'alouette qui s'élevait délicatement dans les airs.

HANS CHRISTIAN ANDERSEN, *Contes merveilleux*, Tome II, Éditions Ebooks libres et gratuits.

★ **354** **Recopie ces phrases. Souligne les compléments circonstanciels et indique la circonstance.**

a) Depuis deux siècles, cette région est pratiquement inhabitée.
b) Je te laisse choisir : nous ferons comme tu voudras.
c) Au sud-est de la Mauritanie, l'oasis de Oualata fut un important carrefour du Sahara durant huit siècles.
d) Entre Lorient et l'île de Groix, la traversée dure environ quarante-cinq minutes.
e) Ne visitez pas ce musée : je le trouve sans intérêt.

J'écris...

355 **Recopie en complétant avec des compléments circonstanciels répondant aux questions, puis indique leur nature (nom, groupe nominal, infinitif, adverbe...).**

a) Les voyageurs montent ... **Où ?**
b) La pluie tombe ... **Comment ?**
c) Les piétons se bousculent ... **Où ?**
d) Mon père a planté un abricotier ... **Où ?**
e) Julien viendra nous rejoindre ... **Quand ?**

356 **Recopie en complétant avec des compléments circonstanciels répondant aux questions, puis indique leur nature.**

a) Nous apporterons un brin de muguet à la maîtresse ... **Quand ?**
b) Le cargo arrive ... **Où ?** et se range le long du quai ... **Comment ?**
c) Les livres sont classés ... **Où ?**
d) ... les hommes apprirent à maîtriser le feu. **Quand ?**

★ **357** **Écris une phrase correspondant à chacun des schémas suivants.**

a) sujet – verbe – c.o.d.
b) sujet – verbe – c.c. de temps
c) c.c. de temps – sujet – verbe – c.o.d.
d) sujet – verbe – c.c. de manière – c.o.d.
e) c.c. de lieu – sujet – verbe – c.c. de temps
f) c.c. de temps – c.c. de lieu – sujet – verbe – c.o.d.

Je travaille seul(e)

corrigé p. 221

358 **Recopie ces phrases. Souligne et nomme les différents compléments circonstanciels.** **Attention ! Une phrase ne contient pas nécessairement de complément circonstanciel.**

a) Les soldats marchaient la nuit en raison de la chaleur écrasante de la journée.
b) Les ornithologues attrapent ces oiseaux à l'aide de grands filets.
c) Mon père achète ce livre pour les débutants parce qu'il ne connaît rien à l'informatique.
d) La prochaine fois, vous éviterez les excès de crème.
e) Le vent se ruait sur la plaine avec fureur.
f) En raison de la grève des transports, le match a été reporté.
g) Afin de ne pas vous perdre, emportez une carte et une boussole.

Synthèse 4

359 Pour chaque phrase, recopie le verbe en rouge et son sujet en bleu.

a) Évidemment, à la suite de leur accident, Thomas et son frère aîné sont dispensés de sport.
b) Comme annoncé à la radio, le concert a débuté à 20 heures précises.
c) À l'issue du concours, les cinq premiers recevront dix livres à choisir sur Internet.
d) Le dernier bulletin météorologique n'est pas très optimiste pour demain.
e) Dans chaque fissure de ce mur se cache un lézard.
f) Jusqu'aux bouches volcaniques, par des failles de l'écorce terrestre remonte le magma.
g) Sans aucun doute, on lui pardonnerait volontiers !
h) Pour quelle raison encore mystérieuse disparurent les dinosaures ?
i) Rester à table des heures me semble insupportable.

360 Recopie ces phrases. Encadre les verbes et souligne les sujets.

a) La violette, la primevère, le coucou sont des fleurs de printemps.
b) Derrière les créneaux serpentait le chemin de ronde.
c) Au Moyen Âge, en France, on ne connaissait pas la tomate.
d) Dans les ornières, s'enfonçaient les roues de la voiture.
e) La pièce de théâtre nous parut trop longue.
f) Prendrez-vous un peu de repos ?
g) La lionne et son lionceau folâtrent dans l'herbe haute.
h) Dans la cheminée crépite un feu joyeux.
i) Nous lisons la notice pendant que tu prépares les outils.
j) Boire de l'eau est vital.

361 Relève chaque verbe conjugué du texte avec son sujet, puis donne sa nature (nom, groupe nominal, pronom...).

John Thornton comptait seul pour lui. Les autres hommes : poussière. Parfois, des voyageurs de passage s'extasiaient sur sa beauté, lui donnaient une caresse. Il restait impassible. Et, lorsqu'un voyageur se montrait trop démonstratif, il pivotait sur lui-même et s'éloignait. Quand Hans et Peter, les associés de John Thornton, arrivèrent enfin sur le radeau, Buck refusa d'abord de leur accorder la moindre attention. Puis il comprit le lien qui les unissait à son ami. Alors, il les toléra, de façon d'ailleurs assez passive. Il acceptait de leur main des friandises, mais en se donnant l'air de leur faire un grand honneur.

JACK LONDON, *L'appel de la forêt*, trad. Noémie Dubresson, © Lire c'est partir.

362 **Relève chaque verbe conjugué du texte avec son sujet.**

L'arbre fruitier est décoratif toute l'année. Il célèbre l'arrivée du printemps en se couvrant de fleurs. Naissent ensuite des jolies feuilles vert tendre. Elles protégeront les fruits, puis vireront au jaune après la cueillette. La jonchée recouvrira la terre.

RENÉE KAYSER, *Copain des jardins : le guide des petits jardiniers*, coll. « Copains », © Éditions Milan, 2009.

★ **363** **Recopie chaque verbe conjugué avec son sujet, puis donne sa nature (nom, groupe nominal, proposition, pronom, infinitif...).**

a) De la rue nous arrivait une lumière blanche.
b) La grande maison ocre, le jardin et l'allée bordée de platanes semblaient endormis.
c) Souffler n'est pas jouer !
d) Le site dont parlent les touristes est décrit dans ce dépliant.
e) Qui est là ?
f) Les alpinistes escaladent la paroi alors qu'un soleil timide les réchauffe.
g) Le match reprend et peu à peu s'élèvent des encouragements.
h) Chaque soir, le roman que je lis me fait rêver.
i) Moussa embrasse ses parents et leur souhaite une bonne nuit.
j) Les roseaux, que taquine le vent, plient mais ne rompent pas.
k) Sous l'arbre mort s'étalait une fourmilière.
l) Sous la tente, enfoncés dans nos duvets, on écoutait mugir le vent.

364 **Recopie ces phrases et souligne les c.o.d. Attention ! Une phrase n'en contient pas.**

a) Le facteur distribue le courrier dans les boîtes.
b) N'oublie pas ton parapluie.
c) Les alpinistes ont vu le pont de neige.
d) Les chasseurs attendent le passage des canards sauvages.
e) Au milieu du spectacle, les clowns jouèrent un air gai.
f) L'ébéniste façonne un joli coffret.
g) Il faut d'abord beurrer le moule.
h) Eva tricote une écharpe pour sa poupée.
i) Pour notre pique-nique, j'apporterai des jus de fruits et de l'eau gazeuse.
j) À l'orée de la forêt se trouve une maison forestière.
k) Rendez-moi mon journal, s'il vous plaît !
l) Les coccinelles combattent efficacement les pucerons.

★ **365** **Dans ces phrases, relève les c.o.d. et donne leur nature (groupe nominal, proposition, pronom, infinitif...).**

a) Le maraîcher a récolté ses salades et va les vendre sur le marché.
b) L'as-tu rencontré ces jours-ci ?
c) Bénédicte a rangé sa chambre et l'a balayée.
d) L'obscurité nous a surpris alors que nous étions encore au bord de l'eau.
e) Tes cousins t'ont annoncé qu'ils venaient.
f) Pouvez-vous m'indiquer le chemin ?
g) Il faut écouter l'opinion de chacun et la respecter.
h) Cette fois, il nous faut absolument gagner.
i) La marmotte est sortie de son trou et le soleil la réchauffe.

366 **Relève les compléments circonstanciels de chaque phrase et classe-les dans un tableau comme celui-ci.**

Complément de temps	Complément de lieu	Complément de manière

a) Le jardinier travaille dans le potager.
b) Après-demain, nous inviterons des amis.
c) Un temple est dressé au centre de la ville.
d) Mon médecin ne donne pas de consultation le samedi.
e) Le joueur de tennis lança la balle au-dessus de sa tête.
f) Il menait dans la première manche, avec une étonnante facilité.
g) Pendant plusieurs heures, les dockers ont travaillé sur les quais.
h) À la tombée de la nuit, la petite troupe de randonneurs se remit en route silencieusement.
i) En Norvège, la mer pénètre dans les terres, profondément.

367 **Relève les compléments circonstanciels de ce texte et indique la circonstance de l'action exprimée (lieu, temps ou manière).**

Chaque soir, à 6 heures, je sortais de l'école avec lui ; nous rentrions à la maison en parlant de nos travaux et nous achetions en chemin de petites choses oubliées... Nous nous arrêtions souvent chez le brocanteur, devenu notre ami. Là, j'entrais en pleine féerie, car j'avais maintenant la permission de fouiller partout.

MARCEL PAGNOL, *La gloire de mon père*, © Bernard de Fallois, marcel-pagnol.com

368 **Relève les compléments circonstanciels de chaque phrase et classe-les dans un tableau comme celui de l'exercice 366. Attention ! Certaines phrases peuvent ne pas contenir de compléments circonstanciels.**

a) Avec un hurlement sinistre, le vent soufflait sur la lande.
b) Baptiste cherchait à comprendre.
c) Ils escaladaient inlassablement rocher après rocher.
d) En Corse, nous avons vu des cochons sauvages.
e) L'Inuit disposa des blocs de glace en cercle, autour de lui.
f) Il reprend la route de bonne humeur.
g) En automne, les eaux de ce fleuve grossissent toujours dangereusement.
h) Viens me voir la semaine prochaine.
i) Les oies passaient en V dans le ciel.
j) L'avion décolla dans un bruit d'enfer.

★ **369** **Recopie ces phrases, relève les compléments d'objet direct, puis les compléments circonstanciels et indique la circonstance. Attention ! Certaines phrases peuvent ne pas contenir de complément.**

a) Samira travaille consciencieusement dans sa chambre.
b) Crois-tu ce qu'il dit ?
c) Actuellement, c'est la saison des pluies en Inde.
d) Je le reverrai demain.
e) Sur le mur de pierres se posent des oiseaux.
f) Nous craignons qu'il nous oublie.
g) L'osier est une matière agréable à travailler.
h) Jeanne et son frère espèrent être qualifiés.
i) La rue est pleine de monde.
j) La Bretagne est un pays de terres sauvages.

370 **Recopie chaque mot ou groupe de mots en gras, puis indique s'il s'agit d'un complément d'objet direct ou d'un complément circonstanciel.**

À partir du Ve siècle, les peuples germaniques, **peu à peu**, détruisent **l'Empire romain**. Les Francs s'installent **en Gaule** où Clovis fonde **un royaume**. On continue à y parler une langue proche du latin. D'autres royaumes nouveaux naissent **dans toute l'Europe**. **Après Clovis**, les rois germaniques adoptent **la religion catholique**.

★ **371** **Recopie ces phrases. Souligne les compléments circonstanciels et indique leur nature (groupe nominal, proposition...).**

a) La nuit, tous les chats sont gris.
b) La foule arrivait dans la rue principale.
c) Quand nous serons grands, nous voyagerons.
d) Les enfants l'écoutaient avec une grande attention.
e) Hier, j'ai pris un bain de mer.

★ **372** **Recopie ce texte, puis souligne en rouge les verbes avec leur sujet, en bleu les compléments d'objet direct et en vert les compléments circonstanciels en indiquant la circonstance.**

Sur le parking, alors que la nuit tombait, les techniciens et le chef de chantier discutaient avec animation. Assis sous un large tilleul, Mathieu observait la scène. Au bout d'un moment, il s'avança vers les hommes assemblés et les interpella.

★ **373** **Recopie ces phrases, puis souligne les différents compléments d'objet (leur nombre est précisé) en indiquant en dessous c.o.d., c.o.i. ou c.o.s.**

a) En Camargue, nous observions des groupes de chevaux en liberté. 1
b) Madame Lacroix a hérité d'un bel appartement. 1
c) Il gèle : on peut s'attendre à des retards de livraison. 1
d) Cette entreprise importe des machines de Suisse. 1
e) Camille a apporté des salades du jardin à ses amis. 2
f) Nous enverrons une carte postale de Finlande à Mamie. 2
g) Si je vois Adam, je lui parlerai de toi. 3
h) L'agriculteur moissonne son champ, puis le laboure. 2

★ **374** **Recopie ces phrases, puis souligne les différents compléments d'objet en indiquant en dessous c.o.d., c.o.i. ou c.o.s.**

a) Par ce temps, Zoé rechigne à sortir.
b) Je dirai à Léo-Paul que tu viendras demain.
c) L'électricien dénude les deux fils, puis les assemble.
d) Je n'hésite jamais à me référer au dictionnaire.
e) Les marcheurs déplièrent la carte et l'étalèrent sur le sol.
f) Avant l'hiver, nous expédierons un colis à nos amis mauritaniens.

L'attribut du sujet

Aide-mémoire

L'**attribut du sujet** est, le plus souvent, un adjectif qualificatif, un nom ou un groupe nominal. Il est introduit par un **verbe d'état** (être, paraître, sembler, devenir, rester, avoir l'air...).

L'attribut désigne **le même être (ou la même chose) que le sujet** :
– soit en définissant ce qu'il est ;
Exemples : Charles est médecin. – Ce solide est un cube.
– soit en lui donnant une qualité.
Exemples : Cette méthode semble astucieuse. – Ton chien paraît calme.

Attention ! Ne pas confondre le c.o.d. (derrière un verbe d'action) qui désigne l'objet de l'action, et l'attribut du sujet (derrière un verbe d'état) qui désigne le sujet.

Travail oral

375 Lis ces phrases, puis relève les sujets et les attributs du sujet.

a) Actuellement, Lucas est stagiaire ; il deviendra titulaire l'an prochain.
b) Malgré son âge, monsieur Lemaître paraît toujours très jeune.
c) Marion semble très déçue ; elle reste silencieuse et se promet d'être plus attentive la prochaine fois.
d) Cette cathédrale est gothique, bien que le chœur semble roman.
e) Trouver une location libre à cette époque de l'année est bien difficile.

★ **376 Lis uniquement les phrases qui comportent des attributs du sujet et relève ceux-ci.**

a) Ce garçon est blond.
b) Ce garçon est ici.
c) Ce garçon est mon cousin.
d) Ce garçon nettoie son vélo.
e) Ce garçon a l'air gentil.
f) Ce garçon a les yeux bleus.
g) La forêt, devant nous, paraît étendue.
h) La forêt, devant nous, est la forêt de Retz.
i) La forêt, devant nous, semble profonde.
j) La forêt, devant nous, disparaît dans la brume.

Exercices

377 Recopie ces phrases, puis souligne en bleu les sujets et en rouge les attributs du sujet.

a) L'Amazone est le plus long fleuve d'Amérique du Sud.
b) Ce jeune chanteur deviendra probablement un très grand artiste.
c) La forêt était sombre, touffue et broussailleuse ; elle paraissait hantée !
d) Simon est étrangement calme ; il mange son dessert et il paraît absent.
e) Les enfants paraissent ravis de leur sortie.

★ **378 Recopie ces phrases, puis souligne en bleu les sujets et en rouge les attributs du sujet.**

a) Si je m'absente une minute, qui restera sage ?
b) Gaston Rebuffat restera l'un des plus grands alpinistes de tous les temps.
c) Le vent soufflait des gerbes d'écume blanchâtre ; la mer devenait de plus en plus furieuse. Elle avait perdu ses couleurs et semblait grise.
d) Malgré son incroyable culture, cet homme est resté modeste et discret.

379 Recopie uniquement les phrases qui comportent des attributs du sujet et souligne ceux-ci.

a) Mon père lave la vaisselle.
b) Mon père écrit un roman.
c) Mon père paraît jeune.
d) Mon père est écrivain.
e) Mon père a du talent.
f) Mon père semble content.

380 Recopie les mots ou groupes de mots en gras et indique s'ils sont attributs du sujet ou c.o.d.

Juliette est **un bébé** de cinq mois. Parfois, elle fait **des sourires** et paraît **paisible** dans son petit lit. Parfois, elle pousse des cris, lève **ses petits bras**, devient toute **rouge** et réclame **son repas**. Elle ne laisse jamais passer **l'heure du repas**. Elle boit tout **son biberon** et semble **satisfaite**.

★ **381 Recopie ce texte, puis souligne les attributs du sujet.**

La rue était animée. Devant les boutiques, les passants se bousculaient. Ils semblaient pressés. Au coin du boulevard, la vitrine d'un grand magasin était magnifiquement décorée et des dizaines d'enfants la contemplaient, émerveillés. Plus loin, un sapin, garni d'une multitude de guirlandes, semblait une étoile illuminant la ville.

382 **Recopie ce texte, puis souligne les attributs du sujet.**

L'hiver approchait. Peu à peu, le ciel devenait gris, les dernières fleurs se flétrissaient ; toute la nature se recroquevillait. Sur les plaines, les brumes matinales étaient plus épaisses et, dans le lointain, les reliefs étaient déjà poudrés. Le froid était là et la nature était silencieuse. La saison du « long sommeil » annonçait son retour.

J'écris...

383 **Sur ce modèle, décris l'un ou l'une de tes ami(e)s en n'utilisant que des attributs du sujet.**

Jules est un garçon discret.
Jules est mon voisin.
Jules est patient, souriant, aimable.
Et Jules est mon copain.

Je travaille seul(e)

corrigé p. 221

384 **Recopie ce texte, puis souligne les attributs du sujet.**

Monsieur Ernest est un bon menuisier. Il travaille le bois avec amour et, durant son labeur, il a toujours l'air heureux. Ses mains larges et calleuses caressent les outils plus qu'elles ne les empoignent. Quand il a terminé un ouvrage, Ernest reste immobile un long moment à contempler l'objet qu'il a fabriqué.

385 **Dans ce texte, relève quatre attributs du sujet.**

Les deux enfants passèrent à toute vitesse devant les vitrines des magasins de la rue Jean-Jaurès et freinèrent brutalement en arrivant à la place Centrale. Pas un vélo à l'horizon. Martin était très énervé.

– Jamais on n'aurait dû lui faire confiance. Où est-il maintenant ?

Jenny était essoufflée et se tenait presque allongée sur son vélo. Elle leva la tête.

– D'accord, on n'est plus en position de force. Réfléchissons.

Effectivement, la récupération de la clé semblait désormais beaucoup plus difficile. Enzo était un malin. Il n'allait sûrement pas rentrer directement chez lui... Jenny posa une main sur l'épaule de Martin.

– J'ai peut-être une solution. Regarde comment le ciel devient noir. Il va y avoir un gros orage...

Jean-Claude Lucas

L'adjectif qualificatif : épithète du nom ou attribut du sujet

Aide-mémoire

Quand l'adjectif qualificatif **fait partie du groupe nominal**, il est **épithète du nom**.

Exemple : Un panneau indicateur indiquait les principales directions.

Un (déterminant) panneau (nom) indicateur (adjectif épithète) → groupe nominal ; les (déterminant) principales (adjectif épithète) directions (nom) → groupe nominal

Quand l'adjectif qualificatif **fait partie du groupe verbal**, il est **attribut du sujet**. Il est séparé de ce sujet, qu'il désigne et avec lequel il s'accorde, par un **verbe d'état**.

Exemple : Ce spectacle est drôle.

Ce spectacle (sujet) est drôle (adjectif attribut)

Travail oral

386 **Lis ces phrases et relève chaque adjectif qualificatif. Indique s'il est épithète du nom ou attribut du sujet.**

a) Une ruelle étroite aboutissait à sa maison.
b) Le problème était difficile.
c) La fenêtre ouverte donnait sur le jardin.
d) Malgré le temps pluvieux, le cycliste s'entraînait.
e) Guillaume possède une superbe collection de timbres.
f) Tu effaceras aussi le tableau blanc.
g) Ce nouveau livre me semble très intéressant.
h) Son grand-père a subi une grave opération chirurgicale.

★ **387** **Transforme chaque phrase afin que l'adjectif qualificatif épithète devienne attribut. Varie les verbes d'état.**

Exemple : Je mangeais un gâteau délicieux.
➤ **Le gâteau que je mangeais était délicieux.**

a) Christopher raconta une histoire incroyable.
b) Alexis et Sonia traversent une immense forêt.
c) Un chemin tortueux menait jusqu'à la plage.
d) Nous cueillons des fruits mûrs.
e) Aujourd'hui, nous utilisons des caméscopes numériques.
f) Allan joue de la guitare électrique.

Exercices

388 **Recopie ces phrases. Souligne chaque adjectif qualificatif et indique s'il est épithète du nom ou attribut du sujet.**

a) Les pièces de notre nouvelle maison paraissaient immenses.
b) Quel fantastique exploit !
c) Des vagues énormes soulevaient le petit navire.
d) Mourad a l'air passionné par ce documentaire.
e) Une colonne de fumée grise indiquait la présence d'un campement.
f) Depuis que l'étrange personnage avait disparu, la maison semblait déserte.

389 **Recopie ce texte. Souligne chaque adjectif qualificatif et indique s'il est épithète du nom ou attribut du sujet.**

Notre nouveau maître ne semblait ni vieux ni jeune. Des joues rondes lui donnaient un air plutôt gai et presque gentil, mais quand il fronçait ses épais sourcils, il obtenait un silence religieux.

★ **390** **Transforme ces phrases selon l'exemple de l'exercice 387 afin que l'adjectif qualificatif épithète devienne attribut.**

a) Le véhicule prit une route étroite.
b) Le maître nous a donné un problème difficile.
c) Ce pêcheur porte une combinaison imperméable.
d) Le boxeur a reçu un coup puissant.

★ **391** **Transforme ces phrases afin que l'adjectif qualificatif attribut devienne épithète.**

Exemple : La voiture que je conduis est rapide. ➤ Je conduis une voiture rapide.

a) Le documentaire que je regardais était passionnant.
b) Le spectacle que proposent les cascadeurs a l'air dangereux.
c) L'air que jouent les musiciens est entraînant.
d) L'enquête que suit l'inspecteur paraît compliquée.
e) Le film que ce réalisateur vient de tourner semble effrayant.

★ **392** **Transforme ces phrases selon l'exemple de l'exercice 391 afin que l'adjectif qualificatif attribut devienne épithète.**

a) Le bouquet de fleurs que tu as apporté est splendide.
b) La nouvelle moquette que nous avons achetée paraît foncée.
c) Ce jeu vidéo que l'on m'a offert semble interminable.
d) La contrée que viennent de traverser les explorateurs est verdoyante.
e) L'hiver que nous avons subi fut rigoureux.

★ **393** **Recopie ce texte. Souligne chaque adjectif qualificatif ou participe passé employé comme adjectif. Indique s'il est épithète du nom ou attribut du sujet.**

Un petit port normand

Ils entrèrent dans le petit village. Les rues vides, silencieuses gardaient une odeur de mer, de varech et de poisson. Les vastes filets tannés séchaient toujours, accrochés devant les portes ou bien étendus sur le galet. La mer grise et froide avec son éternelle et grondante écume commençait à descendre, découvrant vers Fécamp les rochers verdâtres au pied des falaises. Et le long de la plage, les grosses barques échouées sur le flanc semblaient de vastes poissons morts.

GUY DE MAUPASSANT, *Une vie.*

J'écris...

394 **Observe ces deux textes puis, à ton tour, écris en respectant cette forme :**

groupe du nom + verbe d'état + adjectif attribut (à répéter 5 à 6 fois)

Finis ta composition en utilisant trois adjectifs attributs qui devront apporter une note de fin.

Thèmes possibles :

Une saison – La joie – La tristesse – L'inquiétude – Le courage – L'arbre – Le vent...

Hiver
Le ciel est gris
Le vent est froid
La mer est triste
Mon cœur est vide
Le silence est ultime
L'horizon est absent
Ton absence est totale,
définitive, infinie.

Paresse
Le lit est profond
L'oreiller est mœlleux
Le hamac paraît confortable
Le foin semble accueillant
Le fauteuil demeure tentant
Et ma sieste est possible,
probable, certaine.

Je travaille seul(e)

corrigé p. 221

395 **Recopie ces phrases, puis souligne chaque adjectif qualificatif ou participe passé. Indique s'il est épithète du nom ou attribut du sujet.**

a) L'hiver froid et tranquille s'étirait lentement.
b) Cette rue bruyante est très commerçante.
c) Ce pittoresque petit village montagnard semblait perdu dans les arbres.
d) Votre jolie boutique est bien située.
e) C'était un petit singe malicieux et adroit.
f) L'épais brouillard demeura présent toute la matinée.
g) La tarte avait l'air appétissante.
h) La vieille maison paraissait néanmoins spacieuse.

Le complément de nom

Aide-mémoire

Le **complément de nom** est un mot (ou un groupe de mots) qui **complète le sens d'un nom**.

Le complément de nom peut être un **nom** (commun ou propre), un **infinitif**, un **pronom** ou un **adverbe**.

Exemples : une trousse de toilette (nom) **– la salle à manger** (infinitif) **– une photo de nous** (pronom) **– les gens d'ici** (adverbe)

Le complément de nom est le plus souvent introduit par une **préposition**.

Exemples : une tarte aux <u>prunes</u> – un tee-shirt en <u>coton</u>

Sans préposition : **le général Bonaparte – la rue Pasteur**

Remarque : un complément de nom peut lui-même être suivi d'un autre complément de nom.

Exemple : Le discours du président (c. du nom discours) **de la République** (c. du nom président)

Travail oral

396 Dans chaque groupe nominal, relève le complément de nom et indique quelle préposition l'introduit.

la chaîne des Pyrénées
le livre d'histoire
la chaleur du désert
la vie en montagne
un bateau de pêche
une veste en cuir
un gâteau au yaourt
une barquette de fraises
une vente aux enchères

397 Dans chaque groupe nominal, relève chaque complément de nom et indique quelle préposition l'introduit. Attention ! Il n'y a pas toujours de préposition.

la guerre 1914-1918
la tour Montparnasse
une couverture de survie
un micro sans fil
la ville lumière
le chien Milou
un bac à glaçons
l'empereur Charlemagne
les nouvelles par téléphone
un petit pot pour bébé

Exercices

398 **Recopie et complète avec un complément de nom.**

la tarte aux ...
des chaussures de ...
un ballon de ...
un immeuble sans ...
une gourmette en ...
la correction de ...
l'île de ...
un appartement avec ...
une tranche de ...
un ver de ...
un sac en ...
un piège à ...

399 **Recopie et complète avec un complément de nom.**

la rue ...
l'encyclopédie ...
l'hôpital ...
l'Arc de ...
la moutarde de ...
les Éditions ...
la famille ...
le général ...
la mer ...

400 **Recopie et complète avec la préposition qui convient.**

un gant ... toilette
un régime ... sel
une nuit ... lune
une galerie ... art
un tour ... magie
le moulin ... café
un sol ... béton
des traces ... pas
un bijou ... argent

401 **Recopie et complète avec la préposition qui convient.**

une course ... la montre
un costume ... mesure
une souris ... ordinateur
le Conseil ... ministres
un parcours ... dents de scie
la diversité ... couleurs
un voyage ... Canada
une tour ... bureaux
un résultat ... surprise

402 **Recopie ces phrases. Entoure les compléments de nom et souligne les noms complétés.**

a) La cuisine est au bout du couloir.
b) La pelouse du parc est grillée par le soleil.
c) La ville d'Angers est en bord de Loire.
d) Le roi d'Espagne est en visite en France.
e) Les rues de la ville sont désertes.
f) Paul est l'aîné des trois frères.
g) Il y a beaucoup de moulins à vent en Hollande.
h) Pour sa fête, Jamila a eu un superbe bouquet de roses.

403 **Recopie ces phrases. Entoure les compléments de nom et souligne les noms complétés.**

a) Un numismate est un collectionneur de monnaies.
b) As-tu appris ta leçon de géographie ?
c) Les enfants font du patin à roulettes.
d) La foudre est tombée sur le paratonnerre du château.
e) Je me suis baigné dans l'océan Atlantique.

★ **404** **Recopie ces phrases. Souligne chaque complément de nom et entoure la préposition qui l'introduit. Attention ! Il n'y a pas toujours de préposition.**

a) Le boulevard Maurice-Carême est bordé de platanes.
b) Tous les enfants du centre aéré font une course d'orientation.
c) L'edelweiss est une fleur des montagnes.
d) Ce peintre en bâtiment travaille sur une grande échelle.
e) La coupe d'Afrique des Nations aura lieu au Bénin.

★ **405** **Recopie ce texte. Entoure les compléments de nom et souligne les noms complétés.**

Poucette reçut pour berceau une coque de noix bien vernie ; pour matelas des pétales de violette, et pour couverture un pétale de rose. Elle y dormait pendant la nuit ; mais le jour elle jouait sur la table, où la femme avait mis une assiette remplie d'eau entourée d'une guirlande de fleurs. Dans cette assiette nageait un grand pétale de tulipe sur lequel Poucette pouvait s'asseoir et voguer d'un bord à l'autre, à l'aide de deux crins de cheval qui lui servaient de rames.

HANS CHRISTIAN ANDERSEN, *Poucette et autres contes*,
trad. E. Grégoire et D. Morland et D. Soldi, © Le Livre de Poche Jeunesse, 2003.

J'écris...

406 **Écris toute une liste de noms suivis chacun d'un complément de nom. Amuse-toi ensuite à rédiger un texte commençant par la phrase en bleu en mélangeant les compléments de nom...**

Exemple : un piège à loup – une table de salon – une nuit sans lune – un chiffon à poussière

Dans la malle à moustache d'une sorcière à malice, j'ai découvert par hasard... un piège à poussière, un chiffon à loup, une nuit de salon et une table sans lune.

Je travaille seul(e)

corrigé p. 221

407 **Recopie ces phrases. Entoure les compléments de nom et souligne les noms complétés.**

a) La machine à laver est tombée en panne.
b) L'avenue des Champs-Élysées est une très belle avenue.
c) Après le violent orage de grêle, le beau temps est revenu.
d) L'archipel les Éoliennes se situe au large de la Sicile.
e) Tu nous racontes des histoires à dormir debout.
f) Le plus haut sommet du Jura est le crêt de la Neige.
g) Le badminton est un sport d'intérieur.

Manipuler le groupe nominal

Aide-mémoire

Le nom et le déterminant (sauf pour certains noms propres) sont les deux constituants indispensables du groupe nominal.
Le groupe nominal peut être enrichi avec :
– l'adjectif qualificatif,
– le complément de nom,
– la proposition subordonnée relative.
Exemples : un chat ➤ un chat affectueux – un chat de compagnie – un chat qui est affectueux – un adorable chat de compagnie

Travail oral

408 **Complète chaque groupe nominal par un adjectif qualificatif.** Tu peux le placer avant ou après le nom.

une course	une région	une fleur	un village	un texte
un livre	une histoire	une route	un prénom	un ouvrier
une maladie	un tableau	une chaise	un vélo	une association

409 **Complète chaque groupe nominal de l'exercice 408 par un complément de nom.**

410 **Complète chaque groupe nominal de l'exercice 408 par une proposition subordonnée relative.**

411 **Complète chaque groupe nominal de l'exercice 408 par un adjectif et un complément de nom, puis un adjectif et une proposition subordonnée relative.**

Exemple : un bateau ➤ un grand bateau à voile
➤ un petit bateau que le vent emporte

Exercices

412 **Dans chaque groupe nominal, remplace l'adjectif qualificatif par un complément de nom correspondant.**

un gâteau tunisien	une rue piétonnière	une course pédestre
le transport aérien	une plage sablonneuse	un récit historique
un plat inodore	une terre agricole	une fleur champêtre

413 **Dans chaque groupe nominal, remplace l'adjectif qualificatif par un complément de nom correspondant.**

une randonnée montagnarde
le cabinet médical
un liquide incolore
un musée parisien
une bille métallique
le transport maritime
un oiseau nocturne
le transport fluvial
l'équipe strasbourgeoise
un village provençal

414 **Dans chaque groupe nominal, remplace le complément de nom par un adjectif qualificatif correspondant.**

l'équipe d'Auxerre
un dessin d'enfant
un client de province
un chagrin d'amour
une enquête de police
un repas de famille
un temps d'automne
un acte de courage
l'école de la commune
une minute de silence

★ **415** **Remplace chaque complément du nom par l'adjectif correspondant**
Attention ! Le nom propre prend une majuscule, l'adjectif qualificatif n'en prend pas.

Exemple : un département de France ➤ un département français

une ville de Provence
un jambon d'Auvergne
un oncle d'Amérique
une oasis de Mauritanie
un guide du Brésil
une épice d'Inde
un village de Corse
l'arsenal de Brest
une tradition du Tibet
la forêt d'Indonésie
une source des Pyrénées
un plat de Toulouse
la rade de Toulon
l'équipe de Sochaux
le stade de Montpellier

Beaucoup plus difficile, aide-toi du dictionnaire ou d'une encyclopédie !

une société de Nancy
une recette de Caen
la douceur d'Angers
un cinéma de Cannes
une plante de La Réunion
une spécialité de Savoie

★ **416** **Remplace l'adjectif qualificatif ou le complément de nom par une proposition subordonnée relative qui correspond.**

Exemple : un regard triste ➤ un visage qui trahit (qui montre, qui marque…) la tristesse.

un village montagnard
une composition florale
un cake aux raisins
une soirée entre amis
un magazine sportif
un visage fiévreux
un stage de parapente
un sapin de Noël
un arbuste épineux
un personnage romanesque
un dimanche de fête
un placard à balais

★ **417** **Remplace chaque adjectif qualificatif par un complément de nom et une proposition subordonnée relative qui correspondent.**

Exemple : un homme important ➤ un homme d'importance
➤ un homme qui est important

une voiture garantie	une boisson gazeuse	un geste génial
une floraison printanière	un texte informatif	un cocktail avec alcool

★ **418** **Remplace la proposition subordonnée relative par l'adjectif qualificatif ou le complément de nom correspondant.**

Exemple : Le village où je suis né. ➤ mon village natal ou mon village de naissance

a) Une trousse où l'on range son matériel pour coudre.
b) Un rasoir qui fonctionne à l'électricité.
c) Un livre dont la couverture est en carton.
d) Un paysage où l'on ne distingue que des dunes.
e) Un sport qui se pratique uniquement l'hiver.
f) Une histoire qui évoque l'univers des fées.
g) Un fer à repasser qui utilise la vapeur.
h) Un exercice où l'on travaille un point de grammaire.

J'écris...

419 **Sur le modèle donné, écris ton propre poème. Tu peux utiliser, par exemple, les verbes voir, toucher, découvrir, chercher...**

J'ai vu une bulle, une grosse bulle, une bulle de savon,
(grosse : adjectif ; de savon : c. de nom)
une bulle qui volait dans la nuit noire...
(qui volait dans la nuit noire : prop. subordonnée relative)
J'ai vu une fleur, une jolie fleur, une fleur de tendresse, une fleur qui me parlait de toi...

Je travaille seul(e)

corrigé p. 221

420 **Dans chaque groupe nominal, remplace le complément de nom par un adjectif qualificatif correspondant.**

un chéquier de La Poste	un arbuste à fruits	une plage de sable
un geste de prudence	une poussée de fièvre	un geste de sympathie
la construction de navires	un désert d'Australie	une table à roulettes
un paysage de campagne	un rire d'enfant	un sport de montagne

Synthèse 5

421 Recopie ces phrases et donne la fonction des adjectifs qualificatifs.

a) La qualité de cette voiture est **incontestable**.
b) Mon père achète un journal **quotidien**.
c) Les couleurs de ces photos sont trop **vives**.
d) Ce menu est tout **simple**, mais il est **succulent**.
e) Carla a peint un tableau **charmant**.
f) En sortant de l'eau, vous aviez l'air **gelé** !

★ **422 Recopie ces phrases et souligne les attributs du sujet. Attention ! Certaines phrases n'en comportent pas.**

a) Cette idée paraît stupide, pourtant elle est tout à fait judicieuse.
b) Ma meilleure amie restera toujours Morgane.
c) Mon frère aîné possède un terrain au bord de la mer.
d) Amandine ignore le lieu de ses prochaines vacances.
e) Mon oncle est un excellent pâtissier. Il prépare de superbes gâteaux qui ont toujours l'air délicieux.
f) Ce pilote ne gagnera pas : sa voiture a des ennuis mécaniques et reste malheureusement immobilisée sur le stand.

423 Recopie ce texte, puis souligne les compléments de nom.

Dans le grenier de la maison, Théo découvre avec excitation le contenu du coffre qu'il vient d'ouvrir. Il en sort un gros paquet de cartes postales, un vieil ours en peluche, trois livres de Jules Verne, un petit bouquet de fleurs séchées, un dictionnaire Hachette, une collection de calendriers des Postes, une chemise jaunie décorée d'un insigne militaire et quelques bibelots sans valeur. Un peu déçu, le garçon contemple les objets autour de lui. Pas de trésor… dommage !

★ **424 Recopie ces groupes nominaux et souligne les compléments de nom. Attention ! Certains n'en comportent pas.**

une ruse de Sioux	un article en solde	un travail difficile
une rue encombrée	la main-d'œuvre	un paysage ensoleillé
la rue Clemenceau	une pâtée pour chien	un film sans intérêt
le cidre normand	la région Aquitaine	une place avec supplément
un écrivain très connu	un chanteur de renom	le lycée Albert-Camus

425 **Remplace chaque adjectif qualificatif ou la proposition subordonnée relative en gras par un complément de nom correspondant.**

a) La forêt **landaise**.
b) La mode **parisienne**.
c) Une place **ensoleillée**.
d) Des produits **qui proviennent du terroir**.
e) Un plat **qui sert à préparer des gratins**.
f) Un cri **victorieux**.
g) Des pruneaux **agenais**.
h) Une bague **qui n'a pas de valeur**.
i) Un article **promotionnel**.
j) Une boisson **incolore**.

426 **Relève les groupes de mots en gras et classe-les dans un tableau comme celui-ci.**

Compléments circonstanciels	Compléments d'objet	Compléments de nom

a) **Avec cette carte**, vous obtiendrez **une réduction**.
b) Victor prend **de l'aspirine** pour soulager son mal **de tête**.
c) Les touristes sont arrivés **en groupe** pour visiter le musée **d'Orsay**.
d) Les acteurs descendent **de la scène** et s'approchent **du public**.
e) Tu as parlé avec tes parents du tremblement **de terre au Chili.**
f) Nicolas est en voyage **à l'étranger** ; il pense souvent **à ses parents**.
g) À l'aube, nous partirons **à la pêche**.
h) Le directeur **de l'école** a annoncé **la date de la kermesse**.
i) Vous mettrez vos bottes **en caoutchouc** et vous rentrerez **en marchant**.
j) **En France**, le marathon **du Médoc** est connu de tous les coureurs.

★ **427** **Remplace chaque complément de nom par l'adjectif correspondant.**
Attention ! L'adjectif qualificatif ne prend pas de majuscule. Tu peux t'aider du dictionnaire ou d'une encyclopédie.

une entreprise de Besançon
la porcelaine de Limoges
une recette de Saint-Brieuc
une maison de Tours
une fleur de Madagascar
la population de Pau
une tradition de Clermont-Ferrand
un fruit du Pérou

IV
LE VERBE

Qu'est-ce qu'un verbe ?

Aide-mémoire

Le **verbe** est le mot qui **se conjugue**. Sa **terminaison** change en fonction :
– de la **personne** (1re, 2e ou 3e) ;
– du **nombre** (singulier ou pluriel) ;
– du **temps** (passé, présent, futur) et du **mode** (l'indicatif, l'impératif...)

La conjugaison du verbe change en fonction du groupe auquel il appartient. Il existe **trois groupes de verbes** :
– verbes du **1er groupe** : infinitif en **-er** (sauf aller) ;
– verbes du **2e groupe** : infinitif en **-ir** (**-issons** à la 1re personne du pluriel du présent de l'indicatif) ;
– verbes du **3e groupe** : tous les autres verbes.
Attention ! Les verbes **être** et **avoir** sont des **auxiliaires**. Ils n'appartiennent à aucun groupe et servent à conjuguer les autres verbes aux temps composés.

Travail oral

428 Pour chaque verbe, indique son infinitif, son groupe, sa personne et son nombre.

Exemple : nous arrivons ➤ verbe arriver, 1er groupe, 1re personne du pluriel

vous bâtissez – tu reproches – elle reprend – ils saisissent – je sors – nous poussons – il gagne – elles refroidissent – je grandis – nous recevons – tu gesticules – vous dormez – ils doivent – je pâlis – elle vient – nous savons – tu visites – elles apprennent – vous réunissez

429 Lis ces phrases en conjuguant les verbes à un temps qui convient.

a) Dans quelques jours, je (partir) en vacances.
b) Hier, nous (être) en classe.
c) Maintenant, elle te (conseiller) d'accélérer !
d) Mercredi prochain, Sonia et François (venir) te voir.
e) Il y a cinq siècles, Christophe Colomb (découvrir) l'Amérique.
f) À l'avenir, vous (sortir) par ici.
g) Aujourd'hui, mes parents (aller) au cinéma.
h) En ce moment, les deux équipes (disputer) les prolongations.
i) La semaine passée, Caroline (fêter) son anniversaire.
j) Durant l'Antiquité, les Romains (dominer) le Bassin méditerranéen.

Exercices

430 Pour chaque verbe, écris son infinitif, son groupe, sa personne et son nombre.

nous geignons – elles gravent – vous inscrirez – il jaunit – tu plais – elle rebondit – je jaillis – nous prolongeons – tu reçois – ils ravitaillent – je sors – ils rafraîchissent – tu souris – il vide – vous subissez – elles tendent – ils sortent – je tousse – nous suivons – elle rit

★ **431 Dans chaque liste, identifie l'intrus. Justifie ton choix.**

a) soupirer – nettoyer – aller – souffler – peler
b) recevoir – boire – servir – songer – disparaître
c) vomir – alunir – venir – investir – bâtir

432 Recopie en complétant chaque phrase à l'aide d'une de ces expressions.

De nos jours – Autrefois – À l'avenir – Actuellement – Le 12 mai 2007 – Au cours de la prochaine décennie

a) ..., les robots feront de considérables progrès et encore plus d'ici trente ans.
b) ..., les hommes se déplaçaient essentiellement à pied.
c) ..., nous habitons en Nouvelle-Calédonie.
d) ..., il est difficile de manger totalement bio.
e) ..., mes grands-parents ont fêté leurs cinquante ans de mariage.
f) ..., nous nous méfierons des propositions bien trop alléchantes !

433 Recopie en remplaçant chaque sujet en gras par un pronom personnel.

a) **Mon oncle** et **ma tante** habitent en appartement.
b) **Ta sœur** et **toi** êtes invités à mon anniversaire.
c) **Alicia** et **Anna** sont cousines.
d) **Baptiste** et **moi** jouons dans le même club de rugby.
e) **Lisa**, **Flore** et **Arthur** arrivèrent enfin au pied du glacier.

J'écris...

434 Sous le titre Drôle de mercredi !, écris trois phrases. Tu dois utiliser au moins un verbe de chaque groupe et au moins une fois les verbes être et avoir.

Je travaille seul(e)

corrigé p. 222

435 Pour chaque verbe, indique son infinitif, son groupe, sa personne et son nombre.

ils saluent – tu saisis – elles refroidissent – il court – nous replions – vous fuyez – je remplis – tu sais – ils peuvent – nous lançons

Conjuguer le verbe au présent de l'indicatif (1er groupe)

Aide-mémoire

Au **présent de l'indicatif**, tous les verbes du **1er groupe** prennent les **mêmes terminaisons** : **e – es – e – ons – ez – ent**

Attention cependant à **quelques difficultés** :
– verbes en **-cer** : **je trace – nous traçons**
– verbes en **-ger** : **je range – nous rangeons**
– verbes en **-eler** et en **-eter** : **j'appelle – nous appelons – vous appelez – elles appellent**
– verbes en **-yer** : **j'appuie – tu appuies – il appuie – nous appuyons – vous appuyez – elles appuient**

Travail oral

436 **Conjugue au présent de l'indicatif.**

assister à un concert – déménager – avancer – nettoyer la table

437 **Transforme ces phrases en mettant le sujet à la personne correspondante du singulier.**

a) Les charpentiers clouent une planche.
b) Vous essuyez la vaisselle.
c) Nous épelons un mot difficile.
d) Nous effrayons les pigeons.
e) Vous feuilletez un magazine.
f) Nous traçons un trait.

438 **Conjugue aux 1res personnes du singulier et du pluriel du présent de l'indicatif.**

envoyer un colis
lacer ses chaussures
ruisseler de sueur
s'ennuyer
longer une clôture
ficeler un paquet

Exercices

439 **Recopie chaque phrase en la complétant avec le verbe conjugué au présent de l'indicatif.**

tutoyer : Je ... mes amis.
tracer : Nous ... des lignes.
achever : On ... notre dîner.
épeler : Elle ... son nom.
savourer : Tu ... ta victoire.
signer : Elles ... des formulaires.
suer : Tu ... à grosses gouttes.
crier : Vous ... votre joie.
nettoyer : Il ... les vitres.
jouer : Ils ... aux échecs.

440 **Recopie ces phrases en conjuguant les verbes au présent de l'indicatif.**

a) Les jours de pluie, Abel (s'ennuyer).
b) Justin (étudier) sa leçon.
c) Jade (se lever) et (aérer) sa chambre.
d) Des pâquerettes (parsemer) le gazon.
e) C'est un professeur asiatique qui (enseigner) le judo cette année.
f) Arnaud et moi (échanger) nos planches de surf.
g) Les étudiants (renouveler) leur carte de transport.
h) Les personnes âgées n'(apprécier) pas ceux qui (oublier) d'être polis.

441 **Recopie ces phrases en conjuguant les verbes au présent de l'indicatif.**

a) Deux spéléologues (déblayer) le fond de la grotte.
b) C'est à la fin de l'été que (percer) les crocus.
c) Lorsque (s'enterrer) le grillon, cela ne (présager) rien de bon !
d) Les bûcherons (scier) de gros arbres.
e) Le coureur (effectuer) trois tours de piste.
f) Quand j'(essayer) de m'appliquer à l'écriture, j'(oublier) l'orthographe des mots !
g) La nuit (succéder) au jour.
h) Tous les soirs, nous (effacer) les tableaux.

442 **Recopie ces phrases en conjuguant les verbes au présent de l'indicatif.**

a) Pauline et Chloé (digérer) mal le chou-fleur.
b) Ce panneau (indiquer) la direction des plages.
c) Le producteur de pommes (peser) ses cageots et les (déposer) dans le fourgon.
d) Les yeux de la chouette (effrayer) le promeneur nocturne.
e) Le jockey (atteler) son cheval.
f) Avant de rentrer, tu (apprécier) le coucher de soleil sur la mer.
g) Je (bénéficier) de quelques jours de vacances supplémentaires.
h) Seb et William (projeter) de partir skier cet hiver.
i) Pour les congés d'été, nous (aménager) un mobil-home.

443 **Recopie ce texte en écrivant les verbes au présent de l'indicatif.**

C'est une rude matinée, car le cheval n'(être) pas toujours d'humeur à faire ce qu'on lui (ordonner). Quelquefois, il prend peur, (tourner) bride, (se cabre). Une fois, il (s'emballer) et (foncer) comme un fou parmi les branches basses. Une fois même, il (jeter) son cavalier dans la rivière. Mais le prince Pipo (s'obstine) plus que jamais. Griffé, plein d'écorchures, trempé comme une soupe, il ne (s'avouer) jamais vaincu.

PIERRE GRIPARI, *Histoire du prince Pipo*, © Le Livre de Poche Jeunesse, 2009.

J'écris...

444 À partir du titre Mes bonnes résolutions, écris une liste d'actions que tu t'engages à mener. N'utilise que des verbes du 1er groupe conjugués au présent de l'indicatif.

Mes bonnes résolutions
C'est promis, à partir de demain,
je ...
je ...
je ...
...

Je travaille seul(e)

corrigé p. 222

445 Recopie ces phrases en conjuguant les verbes au présent de l'indicatif.

a) Le chien (remuer) les oreilles et (s'allonger) sur le tapis.
b) Les feuilles jaunies (parsemer) les allées du jardin.
c) Nous (commencer) notre année scolaire le 2 septembre.
d) Swann (s'ennuyer) et (bailler) beaucoup.
e) Le boucher (ficeler) la viande.
f) Les artistes (créer) toujours de nouveaux spectacles.
g) La cuisinière (délayer) de la farine dans un peu de lait.
h) Nous (tracer) un cercle avec un cordeau.
i) Nous (interroger) un passant et il nous (indiquer) la bonne route.
j) Dans la brume, les marins (distinguer) à peine la côte.

Conjuguer le verbe au présent de l'indicatif (2e et 3e groupes)

Aide-mémoire

Au présent de l'indicatif, tous les verbes du 2e groupe prennent les mêmes terminaisons :

is – is – it – issons – issez – issent

Exemples : je franchis – il finit – nous remplissons

Les verbes du 3e groupe prennent le plus souvent les terminaisons :

s – s – t – ons – ez – ent

Exemples : je dis – tu crois – il vient

Les verbes en -dre (sauf ceux en -indre) prennent les terminaisons :

ds – ds – d – ons – ez – ent

Exemples : je prends – tu prends – il prend – nous prenons – vous prenez – elles prennent

Attention cependant à quelques difficultés :
– verbe aller : je vais – tu vas – il va – nous allons – vous allez – elles vont
– verbes comme cueillir, offrir : je cueille – tu offres – il offre...
– verbes pouvoir, vouloir, valoir : je peux – tu peux – il peut...

Travail oral

446 **Conjugue au présent de l'indicatif.**

bâtir une cabane
tordre un torchon
sentir un courant d'air
ouvrir la porte
mettre la table
se salir les mains
dormir de bonne heure
perdre du temps
écrire une lettre

447 **Conjugue aux 3es personnes du singulier et du pluriel du présent de l'indicatif.**

vernir une chaise – fleurir la table – démolir une construction – saisir une corde – agir rapidement – fournir un effort – noircir le tableau

448 **Conjugue aux 1res personnes du singulier et du pluriel du présent de l'indicatif.**

obtenir – devoir – mentir – découvrir – croire – vivre – confondre – apprendre

Exercices

449 **Recopie chaque phrase en la complétant avec le verbe conjugué au présent de l'indicatif.**

a) **fléchir** : Je ... les genoux.
b) **hennir** : Ils ... dans le pré.
c) **pétrir** : Elle ... la pâte.
d) **saisir** : Nous ... les rames de la barque.
e) **rebondir** : Il ... sur le trampoline.
f) **blondir** : Tu ... au soleil.
g) **subir** : Vous ... son influence.
h) **jaillir** : Elles ... de partout.
i) **raccourcir** : Je ... mon itinéraire.
j) **s'enhardir** : Tu ... de plus en plus.

450 **Recopie chaque phrase en la complétant avec le verbe conjugué au présent de l'indicatif.**

a) **vrombir** : Deux avions ... dans le ciel.
b) **se divertir** : Fadi et Valentine ... avec un spectacle de clowns acrobates.
c) **enlaidir** : Cette nouvelle coiffure l'... plutôt.
d) **rétrécir** : Plus nous avançons, plus le chemin ... .
e) **s'assagir** : Mes petits cousins ... de mois en mois.
f) **rafraîchir** : L'eau de la fontaine nous ... .
g) **réagir** : Mathilde et moi ne ... pas à ses commérages.
h) **verdir** : C'est au printemps que ... l'herbe des prés.
i) **pourrir** : Les pommes non ramassées ... sur le sol.
j) **s'investir** : Chang et toi ... beaucoup dans vos études.

451 **Recopie ces phrases en écrivant la terminaison des verbes au présent de l'indicatif. (Écris entre parenthèses l'infinitif du verbe et son groupe afin de ne pas confondre 1er et 2e groupes.)**

a) Maxence pli... sa serviette de table.
b) Le feu noirci... les arbres sur lesquels il passe.
c) Simon et Charlotte oubli... souvent d'éteindre les lumières en sortant.
d) Tu cri... un nom et tu bondi... hors de ta cachette !
e) Tu soupir... parce que tu t'ennui... .
f) Si à minuit surgi... le renard malin, le fermier blêmi... au petit matin !
g) Les parents se souci... des études de leurs enfants.
h) Thomas vérifi... le contenu de sa trousse.

452 **Conjugue ces verbes au présent de l'indicatif.**

tu (vouloir) vous (paraître) nous (dormir) elles (entreprendre)
il (reconnaître) je (construire) elle (rougir) tu (sortir)
nous (faire) vous (dire) elles (conduire) vous (voir)

453 **Conjugue ces verbes au présent de l'indicatif.**

elle (plier) il (grandir) tu (boire) j' (envoyer)
tu (conduire) on (copier) elle (réfléchir) j' (expédier)
on (oublier) tu (répondre) tu (secouer) je (mordre)

454 **Recopie chaque phrase en conjuguant le verbe au présent de l'indicatif.**

a) Les amis de mes parents (tenir) un magasin de décoration.
b) Je ne (vouloir) pas retourner sur ce bateau.
c) (Partir)-tu avec tout le groupe ?
d) Cette bande dessinée (plaire) beaucoup à Steve.
e) Vous ne (dire) pas toujours la vérité.
f) Quand il (pleuvoir), je (prendre) mon parapluie et je (mettre) mon vêtement imperméable.
g) Tante Louise (servir) le potage.
h) Dans ce champ, les épis de maïs (paraître) mûrs.

455 **Recopie chaque phrase en conjuguant le verbe au présent de l'indicatif.**

a) Tu (ouvrir) les volets et tu (faire) ton lit.
b) Les enfants (rire) aux éclats en regardant l'otarie qui (courir) sur la piste.
c) Nous (prendre) le mauvais chemin et nous (se perdre).
d) Raphaël (aller) au musée.
e) Vous (pouvoir) nous accompagner si vous (vouloir).
f) Jeanne (introduire) la clé dans la serrure.

★ **456** **Recopie ce texte en écrivant les verbes au présent de l'indicatif.**

Parfois, l'assistance (se taire), (retenir) son souffle. Eléonore n' (entendre) plus que le chant des oiseaux, indifférents à ce grand tumulte de passion. Puis le cliquetis des épées (reprendre) à nouveau, accompagné par les cris de la foule.
Enfin, après un bref silence, (s'élever) une longue clameur.
« Le combat (être) terminé », (proclamer) le maître du combat.
Eléonore (ouvrir) enfin les yeux...

ODILE WEULERSSE, *Le chevalier au bouclier vert*, © Le Livre de Poche Jeunesse, 2007.

★ **457 Recopie ce texte en écrivant les verbes au présent de l'indicatif.**

La raclette

En des temps reculés, quelques montagnards (se tenir) autour d'un feu en plein air. L'un d'eux (tirer) de son sac un vieux fromage gras qu'il (mettre) à rôtir devant les braises. Par ce geste anodin, il (venir) d'inventer la raclette, aujourd'hui plat national valaisan. [...] Suite à son succès durant l'exposition cantonale industrielle de Sion en 1909, la raclette (atteindre) les restaurants des villes et stations de tourisme. La vraie raclette (tenir) du rituel et (se déguster) lentement. On (se réunir) autour d'un plat pour le partager. [...] Chacun (recevoir) l'offrande à son tour, et lorsque l'assiette (se retrouver) devant soi, on (prendre) d'abord le temps d'admirer et de humer le fromage fondant ...

STÉPHANE MAIRE, *Du Cervin au Léman : les plus beaux lacs du Valais*, © Éditions Glénat, 2005.

★ **458 Dans ce texte, relève les sujets des verbes entre parenthèses, puis conjugue ces verbes au présent de l'indicatif.**

L'île de Tenerife, aux Canaries, (connaître) une seconde crise grave à la fin du XVIIe siècle, lorsque sa production vinicole (décliner) en raison de la concurrence que lui (faire) le vin de la péninsule. Au même moment, des révolutions (éclater) dans les différentes colonies espagnoles d'Amérique du Sud. Elles (empêcher) les émigrés canariens d'envoyer l'argent à leur famille restée au pays. Nombre d'habitants, privés alors des subsides essentiels à leur survie, (connaître) la famine.

Si la culture de la cochenille (fournir) un temps une bouffée d'oxygène à l'île, cela ne (représenter) presque rien en comparaison des ressources qu'(apporter), à partir du milieu du XIXe siècle, l'introduction de la banane « chinoise ». La banane (devenir) dès lors le baromètre de la santé économique de Tenerife. Lorsque les exportations (baisser), l'émigration vers Cuba ou le Venezuela (prendre) des proportions alarmantes. La situation (être) telle que des boîtes aux lettres spécialement créées pour ces destinations (fleurir) un peu partout dans l'île, un signe qui ne (tromper) pas ! Aujourd'hui encore, en dépit d'une agriculture diversifiée – notamment avec la culture de tomates et de pommes de terre sous serres –, la banane (rester) le principal produit agricole de l'île.

DENIS MONTAGNON, *Canaries*, coll. « Guide évasion », © Hachette Tourisme, 2009.

J'écris...

★ **459** **Voici ci-dessous des verbes du 3e groupe dont tu ne connais peut-être pas le sens...**

comparaître – reluire – souscrire – enfreindre – parfaire – dissoudre – épandre – correspondre – adjoindre – médire – prescrire – proscrire – paître – consentir

Choisis cinq de ces verbes, cherche éventuellement leur définition dans le dictionnaire, puis écris une phrase avec chacun de ces verbes conjugué au présent de l'indicatif.

Je travaille seul(e)

corrigé p. 222

460 **Recopie chaque phrase en conjuguant le verbe au présent de l'indicatif.**

a) Le soleil (éblouir) le conducteur.
b) L'averse (rafraîchir) la température.
c) La pie (bâtir) son nid.
d) La vache (mugir) dans le pré.
e) La sauce (épaissir) dans la casserole.
f) Un panneau nous (avertir) du danger.
g) Les manifestants (se réunir) sur la place.
h) Un chevreuil (surgir) du bois.
i) L'abat-jour (adoucir) la lumière.
j) Constance (guérir) doucement.

461 **Recopie chaque phrase en conjuguant le verbe au présent de l'indicatif.**

a) Tu (descendre) l'escalier rapidement.
b) Le professeur (instruire) les élèves.
c) Vous (faire) un effort quand vous le (vouloir) bien.
d) Marie (promettre) d'être à l'heure la prochaine fois.
e) Je (tondre) la pelouse toutes les semaines en été.
f) Tu (aller) au restaurant avec quelques amis.
g) Le soleil (disparaître) à l'horizon.
h) Le bûcheron (fendre) la souche.
i) Madame Roussel (conduire) prudemment.
j) Ces légumes (cuire) à feu doux.
k) Nous (connaître) la fin du film.

Conjuguer le verbe à l'imparfait de l'indicatif

Aide-mémoire

L'**imparfait de l'indicatif** est un **temps du passé**. À l'**imparfait de l'indicatif**, tous les verbes prennent les **mêmes terminaisons** :

ais – ais – ait – ions – iez – aient

Attention cependant à **quelques difficultés** :

– verbes en **-ier** : **je triais – nous triions – vous triiez – elles triaient**

– verbes en **-yer** : **j'employais – nous employions – vous employiez – elles employaient**

– verbes en **-eler** et en **-eter** : **j'appelais – nous appelions – je jetais – nous jetions**

– verbes en **-cer** : **j'avançais – nous avancions**

– verbes en **-ger** : **je mangeais – nous mangions**

– verbes du **2e groupe** : **je rougissais – nous rougissions – elles rougissaient**

– verbes du **3e groupe** : **faire** : **je faisais – nous faisions**

voir : **je voyais – nous voyions**

Travail oral

462 **Conjugue à l'imparfait de l'indicatif.**

être en avance
avoir froid
choisir un livre
copier un poème
essuyer la table
corriger sa dictée

463 **Conjugue aux 1res personnes du singulier et du pluriel de l'imparfait de l'indicatif.**

remplir un arrosoir
mettre la table
ranger ses livres
tracer un trait
oublier l'heure
effrayer les oiseaux

Exercices

464 **Conjugue à l'imparfait de l'indicatif.**

étudier sa leçon
envoyer une lettre
agir avec prudence
voyager à l'étranger
ficeler un colis
prendre l'escalier

465 **Recopie ces phrases en conjuguant les verbes à l'imparfait de l'indicatif.**

a) Aurélia (réunir) des amis.
b) Tu (élargir) le chemin.
c) Il (appeler) ton frère.
d) Le médecin (examiner) le petit malade.
e) Les ramasseurs (renvoyer) les balles.
f) Vous (crier) mais Tania ne (sortir) pas.

466 Recopie chaque phrase en conjuguant le verbe à l'imparfait de l'indicatif.

a) Chez nos grands-parents, nous (varier) toujours nos repas.
b) Nina (replier) son parapente et le (ranger) soigneusement dans son sac.
c) Les lutteurs (grimacer) mais aucun ne (sembler) vouloir lâcher.
d) Les patineurs (lacer) fermement leurs patins avant de s'élancer.
e) Ce magasin (fournir) le ravitaillement des coureurs.
f) Robin (apprendre) le résumé par cœur.
g) Dimanche, à cette heure-ci, nous (faire) de la planche à voile.

467 Recopie chaque phrase en conjuguant le verbe à l'imparfait de l'indicatif.

a) Les enfants (s'émerveiller) devant les vitrines de Noël.
b) Les deux hommes (chanceler) sous le poids du meuble.
c) Pour abattre les arbres, nous (se munir) d'une tronçonneuse.
d) Le préfet (répondre) aux questions des journalistes.
e) Tu (avertir) tes camarades du danger.
f) Il (neiger) et la campagne (paraître) endormie.
g) Dans le désert, nous (employer) du sable pour nettoyer nos bols.

468 Recopie chaque phrase en conjuguant le verbe à l'imparfait de l'indicatif.

a) Madame Mercier (commander) une sorbetière.
b) Je (souhaiter) vous parler.
c) Nous (parler) peut-être fort, mais vous, vous (crier).
d) Les campeurs (plier) leur tente.
e) Depuis quelques jours le temps (se radoucir) et Laurine et Mael (sortir) à nouveau.
f) Il y a bien longtemps, vous (manier) cet arc avec dextérité.
g) Nous (recevoir) des nouvelles de nos amis.
h) Vous (raccompagner) les enfants et ainsi, vous nous (rendre) service.

★ **469 Recopie ce texte en conjuguant les verbes à l'imparfait de l'indicatif.**

Quant aux paysages que le peintre (imaginer), qui sait où il (avoir) bien pu les voir : lui-même n'en (savoir) rien. Peut-être n'(exister)-ils en aucun lieu du monde, en aucun rêve d'homme ; pourtant, quand on les (regarder), c'était comme si la terre peinte (être) vraie, on la (toucher), on (sentir) son parfum. Et plus on (regarder) ces paysages, plus le corps (paraître) se glisser dans le regard, et se (transporter) tout vivant dans ces espaces colorés pleins de richesse et de paix.

ROBERTO PIUMINI, *La Verluisette*, trad. Armand Monjo,
© Le Livre de Poche Jeunesse, 2007.

★ **470** **Recopie ce texte en conjuguant les verbes à l'imparfait de l'indicatif.**

Il y (avoir) autrefois, au pied du mont Tan Vien, un jeune bûcheron nommé Min, qui (vivre) seul dans une hutte de branchages. Chaque matin, il (monter) dans la forêt, (abattre) des arbres, les (débiter) en rondins qu'il (faire) rouler jusqu'à la rivière. Là, des marchands (venir) acheter le bois qu'ils (embarquer) sur de longues jonques pour l'emmener vers la mer.
Min, qui ne (connaître) que la forêt, (penser) parfois à la mer et aux navires que l'on (fabriquer) avec son bois, mais il (savoir) que sa vie (être) là, parce que les bûcherons sont faits pour la forêt, et il ne (nourrir) nul espoir de descendre jamais jusqu'à la côte.

BERNARD CLAVEL en collaboration avec Nicole Sinaud,
Légendes de la mer, © Le Livre de Poche Jeunesse, 2007.

J'écris...

471 **Les souris ont mangé presque toute l'histoire ! Elles n'ont laissé que la première phrase du texte... ! À toi d'imaginer ce que les souris ont dévoré...**

Il y a fort longtemps, dans un lointain royaume d'Asie, vivait un roi qui s'ennuyait...

Je travaille seul(e)

corrigé p. 222

472 **Recopie ce texte en conjuguant les verbes à l'imparfait de l'indicatif.**

Nous (déménager). Papa (être) sur les dents, maman sur les nerfs, moi je (passer) mon temps sur le derrière : je me (faire) bousculer quand les déménageurs (monter) le buffet, l'armoire ou le piano.
Papa (s'impatienter) :
– Qu'as-tu besoin de rester dans nos jambes, Limau ?
Puis il (redescendre) chercher un carton. Limau, c'est mon diminutif. En entier, je me prénomme Limaunade.
Je (suivre) le mouvement pour ne pas rester seule dans notre nouvelle maison de l'impasse du Rat-Sec : ces escaliers tordus, ces couloirs un peu noirs, ces recoins ne me (dire) rien.
Je ne (savoir) pas encore si j'(aller) aimer cette nouvelle maison que mes parents (venir) d'acheter.

JEAN-LOUP CRAIPEAU, *Gazoline et Grenadine*, © Lire c'est partir, 2006.

Conjuguer le verbe au futur simple

Aide-mémoire

Au **futur simple**, tous les verbes prennent les **mêmes terminaisons** :

ai – as – a – ons – ez – ont

toujours **précédées** de la lettre **r**.

Les verbes du **2e groupe** et la plupart des verbes du **1er groupe** conservent généralement leur infinitif en entier.

Exemples : je bâtirai une cabane. – nous ramasserons les feuilles.

Dans les verbes du **3e groupe**, le radical est souvent modifié.

Exemple : Elles viendront nous voir.

Attention cependant à **quelques difficultés** :

– verbes en **-ier**, **-uer**, **-ouer** : **tu trieras – nous continuerons – je jouerai**

– verbes en **-yer** : **j'emploierai – nous emploierons**

– verbes en **-eler** et en **-eter** : **il appellera – je jetterai – nous jetterons**

– **être**, **avoir** et verbes du **3e groupe** :

être : **je serai – nous serons**

faire : **je ferai – nous ferons**

venir : **je viendrai – nous viendrons**

pouvoir : **je pourrai – nous pourrons**

avoir : **j'aurai – nous aurons**

aller : **j'irai – nous irons**

prendre : **je prendrai – nous prendrons**

voir : **je verrai – nous verrons**

Travail oral

473 **Conjugue au futur simple.**

être à l'heure
sautiller sur place
copier le résumé
réussir l'examen
dire la vérité
avoir peur
mélanger les couleurs
essuyer les verres
perdre du temps
abattre un arbre

474 **Conjugue aux 1re et 2e personnes du singulier du futur simple.**

préserver la planète
recevoir une lettre
vouloir s'amuser
conduire prudemment
refaire la manœuvre
savoir sa leçon
dormir tard
secouer la nappe

Exercices

475 **Conjugue au futur simple.**

trier des livres
voyager à l'étranger
employer une éponge
ficeler un colis
réagir vivement
prendre l'escalier

476 **Recopie ces phrases en conjuguant les verbes au futur simple.**

a) Ilona (répondre) à ta question.
b) L'arbitre (siffler) la fin du match.
c) Les poulains (galoper) dans le pré.
d) Je (recopier) ma leçon.
e) Tu (réfléchir) avant de répondre.
f) Le ciel (pâlir) et le soleil (apparaître).
g) Monsieur Barbier (tondre) sa pelouse.
h) Adam (mettre) la table.
i) Tu (aller) chercher le pain.
j) Je (faire) un détour mais j'(arriver) à l'heure.

477 **Recopie ces phrases en conjuguant les verbes au futur simple.**

a) Louna (louer) un pédalo.
b) Nous ne (polluer) pas la nature.
c) Les chiens (aboyer) en apercevant les chevreuils.
d) Après l'orage, l'eau (ruisseler) sur la chaussée.
e) Les étoiles (étinceler) dans le ciel nocturne.
f) Les fillettes (s'ennuyer) durant cette journée pluvieuse.
g) Vous (vendre) votre voiture l'année prochaine.
h) Je ne (salir) pas mes vêtements.
i) Nous (frémir) en voyant ce film.
j) Les enfants (construire) une cabane dans le bois.

478 **Recopie ces phrases en conjuguant les verbes au futur simple.**

a) Les promeneurs (suivre) le sentier.
b) Tu (être) le premier arrivé, alors tu (avoir) le choix de ta place.
c) Notre voisin (abattre) cet arbre.
d) Nous (établir) ensemble les plans de ta maison.
e) Vous (associer) les cartes par paire.
f) Je (clouer) cette planche.
g) Je suis certain que Mathias (tutoyer) tout le monde.
h) Nous (appuyer) sur le bouton de la sonnette et nous (patienter).

479 Recopie ce texte en mettant les verbes en gras au futur simple. Attention ! Change l'année 1613 par une autre qui puisse convenir.

Dans un village de la Manche, au cœur de l'Espagne, **vivait** en l'année 1613, un gentilhomme qui **frisait** la cinquantaine. Grand et sec, maigre de visage, il **avait** le surnom de Quijada. Or il faut savoir que ce gentilhomme, dans les moments où il ne **faisait** rien, c'est-à-dire à peu près toute l'année, **lisait** des livres de chevalerie. Il s'**acharna** tellement à cette lecture que ses nuits se **passaient** en lisant du soir au matin, et ses jours, du matin au soir. Finalement, ayant perdu l'esprit, il **décida** de se faire chevalier errant, de s'en aller par le monde, avec son cheval et ses armes, chercher les aventures.

ALAIN DAG'NAUD, *Don Quichotte* in Bibliobus n° 23 *Les temps modernes*, © Hachette Livre, 2007.

480 Recopie ce texte en mettant les verbes en gras au futur simple.

Les moutons, obnubilés par la danse, ne **comprenaient** rien à la chanson et, pendant ce temps, madame Lapin **emportait** calebasse sur calebasse d'eau pour remplir le baquet de son mari.

Quand celui-ci **rentra**, laissant les moutons fatigués par la danse, il **put** se baigner à son aise. Ensuite il **alla** au lit, où sa femme et lui **plaisantèrent** longuement sur le compte des moutons et leur manière de danser.

Le lendemain matin, le roi-du-sud, tranquille sur le sort de l'eau, **alla** quand même faire un tour du côté de la mare. Il **fut** désagréablement surpris de voir que son niveau **avait** encore baissé. Les moutons, questionnés, **jurèrent** qu'ils n'**avaient** pas fermé l'œil de la nuit : si un quelconque voleur était venu, ils l'auraient bien vu... Seulement, aucun d'entre eux ne **fit** allusion ni à la danse ni à Lapin.

MARIE-THÉRÈSE LUNG-FOU, *La « Geste » de Compère Lapin* in Bibliobus n° 27 *Les Antilles*, © Éditions Desormeaux, © Hachette Livre, 2008.

★ **481 Recopie ces phrases en conjuguant les verbes entre parenthèses au présent ou au futur simple.**

a) J'espère que demain nous (regarder) le western.
b) Si tu continues de traîner, tu (être) en retard.
c) Si le temps (rester) beau, nous partirons en promenade.
d) Je pense qu'elle te (plaire) dès que tu la verras.
e) Il me semble que son frère (devenir) très timide.

★ **482** **Recopie chaque phrase en conjuguant l'un des verbes au présent et l'autre au futur simple.**

a) S'il y (avoir) du verglas, je ne (prendre) pas ma voiture.
b) Je (penser) que les dernières photos (être) meilleures.
c) J'(espérer) que ce bateau (gagner) la régate.
d) Valérie (atteindre) son but si elle (s'entraîner) sérieusement.
e) Le président du club (affirmer) que son équipe (remporter) la prochaine coupe d'Europe.

J'écris...

483 **Choisis un des trois personnages proposé et trouve plusieurs actions que tu entreprendrais. N'oublie pas de conjuguer tes verbes au futur simple !**

Quand je deviendrai un **super-héros**, je...
Quand je deviendrai le **grand défenseur de notre planète**, je ...
Quand je deviendrai **président de la République**, je ...

Je travaille seul(e)

corrigé p. 222

484 **Recopie ce texte en mettant les verbes en gras au futur simple.**

Les hommes se **glissèrent** le long du bois ; ils **marchaient** avec précaution, mais vite ; les ânes, qui **cherchaient** l'ombre, **broutaient** de l'herbe près de la lisière du bois. À un signal donné, chacun des voleurs **prit** un des ânes par la bride et l'**attira** dans le fourré. Ces ânes, au lieu de résister, se **laissèrent** emmener comme des imbéciles. Cinq minutes après, les voleurs **arrivaient** au fourré qui se **trouvait** au pied de l'arche. On **fit** entrer mes camarades un à un dans les broussailles, où ils **disparurent**.

LA COMTESSE DE SÉGUR, *Les mémoires d'un âne.*

Conjuguer le verbe au passé simple

Aide-mémoire

Le **passé simple** est un **temps du passé** qui indique une **action courte et précise**.

Exemple : Le facteur sonna à notre porte.

Au passé simple :

– les verbes du **1er groupe** se terminent par :

ai – as – a – âmes – âtes – èrent

Exemples : je marchai – tu avanças – il jeta – nous rangeâmes

– les verbes du **2e groupe** et beaucoup de verbes du **3e groupe** se terminent par :

is – is – it – îmes – îtes – irent

Exemples : je rougis – elles rougirent – tu sortis – nous sortîmes

Attention cependant à **quelques verbes particuliers** :

être : je fus – ils furent
faire : je fis – ils firent
dire : je dis – ils dirent
partir : je partis – ils partirent
venir : je vins – ils vinrent
vouloir : je voulus – ils voulurent
atteindre : j'atteignis – ils atteignirent
avoir : j'eus – ils eurent
aller : j'allai – ils allèrent
pouvoir : je pus – ils purent
prendre : je pris – ils prirent
voir : je vis – ils virent
mettre : je mis – ils mirent
connaître : je connus – ils connurent

Travail oral

485 Conjugue au passé simple.

être le premier arrivé
voyager en train
payer le dentiste
réussir sa course
tordre l'éponge
avoir du temps libre
pincer les lèvres
essuyer la table
saisir une branche

486 Conjugue aux 1re et 2e personnes du singulier du passé simple.

rendre la monnaie
répondre poliment
échanger des cartes
vernir un meuble
descendre de voiture
franchir un pont
manger à la cantine
dessiner un mouton
entendre la sonnerie

487 **Conjugue aux 3e personnes du singulier et du pluriel du passé simple.**

dormir profondément	aller en récréation	remettre son bonnet
courir un marathon	écrire un poème	vivre en Provence
devoir se dépêcher	voir un film	apparaître rapidement

Exercices

488 **Conjugue au passé simple.**

allonger les jambes	tracer un trait	appeler son père
essayer des chaussures	réfléchir longuement	fendre une bûche

★ **489** **Conjugue au passé simple.**

boire de l'eau	vouloir sortir	lire un magazine

★ **490** **Conjugue aux 3e personnes du singulier et du pluriel du passé simple.**

dénouer ses lacets	refaire son croquis	apercevoir la sortie
saisir la rampe	arranger sa tenue	déplacer une chaise
prévenir la police	répondre calmement	aplatir la pâte

491 **Recopie les phrases en conjuguant les verbes au passé simple.**

a) Loane (se laver) les mains et (s'approcher) de la table.
b) Les marins (hisser) la voile, le vent la (gonfler) et la goélette (quitter) la rade.
c) Le chien (flairer) la piste et (trottiner) vers le bosquet.
d) William (déménager) en juillet et (s'installer) à Orléans début août.
e) Yasmine et David (préparer) la pâte à crêpes.

★ **492** **Recopie les phrases en conjuguant les verbes au passé simple.**

a) Nous (atteindre) la rivière quand les cavaliers nous (rejoindre).
b) Nous (juger) le problème difficile mais nous (réussir) à le résoudre.
c) Un éclair (zébrer) le ciel et, dans la maison, la lumière (s'éteindre).
d) Une porte (grincer), un volet (battre), une fenêtre (s'ouvrir) et, au loin, des chiens (aboyer).
e) Nous (observer) l'arbre et (suivre) l'envol des étourneaux.

★ **493** **Recopie les phrases en conjuguant les verbes au passé simple.**

a) Les Anglais (lâcher) le ballon et un joueur irlandais le (saisir) immédiatement.
b) Nous (prendre) la mauvaise direction mais le guide (retrouver) très vite le bon chemin.
c) Yann (voir) la clé, l'(attraper) et la (tendre) à sa mère.
d) Le serrurier (débloquer) la porte et nous (pouvoir) enfin rentrer.
e) En l'apercevant j'(avoir) très peur mais je (être) vite rassuré par son sourire.

★ **494** **Recopie ce texte en conjuguant les verbes entre parenthèses au passé simple.**

Lorsque le soleil (commencer) à décliner doucement à l'ouest, Cannelle [...] s'en (retourner). [...] Pil (accompagner) donc la fillette jusqu'au rocher moussu, et là, après un au revoir, ils (se séparer). Cannelle (prononcer) la formule magique et (apparaître) sur la plage de Kerlorc'h, baignant dans une lumière douce. Personne en vue... Elle (jeter) un peu de poudre magique en l'air, et (retrouver) sa taille réelle.

ANNE DUVERT, *Cannelle et le lutin*, © Les Éditions Buissonnières, 2003.

★ **495** **Recopie ce texte en conjuguant les verbes entre parenthèses au passé simple.**

La conversation (continuer) sur ce ton. Bientôt elle (devenir) décousue et (tomber). Un silence (régner) ; les fumeurs (commencer) à cracher. Leurs glandes salivaires devenaient de véritables fontaines ; bientôt ils n'(arriver) plus à cracher assez vite pour éliminer l'excès de salive qui se formait. Le trop-plein (se déverser) dans la gorge ; de temps à autre il leur (falloir) réprimer un haut-le-cœur intempestif. Les deux débutants étaient livides. La pipe de Jœ lui (glisser) des mains ; celle de Tom en (faire) autant. Et la salive montait toujours.

MARK TWAIN, *Les aventures de Tom Sawyer*.

★ **496** **Dans ce texte, relève les verbes au passé simple et donne leur infinitif.**

Vers minuit Jœ se réveilla et appela ses camarades. L'atmosphère était lourde, d'une lourdeur de mauvais aloi. Malgré la chaleur écrasante les enfants se serrèrent les uns contre les autres près du feu ; ils s'assirent et attendirent les événements. Le silence continuait. La lueur du feu faisait paraître encore plus opaque l'obscurité environnante. Tout à coup une brève lueur éclaira un instant le feuillage des grands arbres. Le fait se reproduisit plusieurs fois. La forêt fit entendre une sorte de gémissement. Sentant soudain une brise leur caresser la figure, les enfants frissonnèrent à l'idée que ce pouvait être l'haleine de l'Esprit de la Nuit. Après une accalmie, un nouvel éclair illumina comme en plein jour tout le paysage dans ses plus petits détails, et se refléta sur trois visages blêmes et effarés. Un coup de tonnerre retentit, formidable, et se perdit en grondements sinistres dans le lointain ; un vent froid éparpilla les feuilles mortes ainsi que les cendres du foyer.

MARK TWAIN, *Les aventures de Tom Sawyer*.

J'écris...

★ **497 Choisis un des petits textes ci-dessous, puis invente une suite en utilisant surtout des verbes conjugués au passé simple.**

a) Nous n'étions plus très loin du sommet quand, d'un coup, le ciel s'assombrit et le vent tomba. ...
b) J'étais dans le jardin quand un terrible coup de frein me fit lever la tête. ...
c) La dispute était de plus en plus vive. Il fallait très vite faire quelque chose. C'est Eva qui réagit le plus vite. Elle ...

Je travaille seul(e)

corrigé p. 222

★ **498 Dans ce texte, relève les sujets des verbes entre parenthèses, puis conjugue ces verbes au passé simple.**

Exemple : Le matin, Hans (découvrir) un livre. ➤ Hans découvrit...

Le garçon (hésiter), mais il (se dire) que le livre devait être plus dangereux encore que les perles, surtout entre les mains de cette créature, et il (préférer) le conserver. Il (s'éloigner), poursuivi par les hurlements du monstre. [...]
De retour au village, Hans (demander) où il pourrait trouver une personne capable de lire ce livre, et on lui (indiquer) une jeune fille fort instruite qui vivait sur un îlot voisin. Il (prendre) aussitôt la vieille barque laissée par son père, et il (gagner) cet îlot qui n'était peuplé que de trois familles pauvres. Il n'(avoir) aucun mal à trouver cette jeune fille. Elle s'appelait Frida [...]
Hans (tendre) le livre à Frida qui (parcourir) quelques pages et (paraître) effrayée.

Bernard Clavel en collaboration avec Nicole Sinaud, *Légendes de la mer*, © Le Livre de Poche Jeunesse, 2007.

Utiliser l'imparfait et le passé simple

Aide-mémoire

L'**imparfait** et le **passé simple** sont des **temps du passé**, très utilisés dans le **récit** (les romans par exemple).
L'**imparfait** exprime une **action** plutôt **longue**, **imprécise** alors que le **passé simple** exprime généralement une **action de courte durée**, accomplie à un **moment précis**.

Exemple : Nous dînions dans la cuisine quand on frappa à la porte.

dînions : imparfait — frappa : passé simple

Travail oral

499 Lis chaque phrase en conjuguant l'un des verbes à l'imparfait et l'autre au passé simple.

a) Nous (être) à peine sortis que le tonnerre (gronder).
b) Nous (rouler) depuis une heure quand une roue (crever).
c) Quand les derniers coureurs (arriver), la nuit (tomber).
d) Nous (lire) quand le téléphone (sonner).
e) Tout (sembler) calme, alors Hélène (se décider) à monter à bord.
f) Le vieil homme (porter) une veste sur laquelle il (accrocher) sa médaille.
g) La brume (s'installer) peu à peu, mais, d'un coup, on ne (voir) plus rien.

500 Lis chaque phrase en conjuguant l'un des verbes à l'imparfait et l'autre au passé simple.

a) Les hommes (réfléchir) quand, tout d'un coup, l'un d'eux (avoir) une idée.
b) La maison (être) sombre mais on (voir) soudain une lumière s'allumer.
c) Lorsque la terre (trembler), nous (dormir) profondément.
d) Les chiens (paraître) endormis mais l'un d'eux (dresser) la tête.
e) Quand Pierre (se lever), tout le monde (dormir).
f) Personne n'(avoir) de goûter aussi Erynn (partager)-t-elle le sien.
g) Le vainqueur (lever) les bras alors que la foule (applaudir).

501 Lis ce texte en conjuguant les verbes à l'imparfait (il y en a 3) ou au passé simple (il y en a 2).

Elle (marcher) tranquillement mais, quand elle l'(apercevoir), elle (courir) vers lui. Il (être) toujours le même. Malgré les années, il n'(avoir) pas changé.

Exercices

502 Recopie ce texte en conjuguant les verbes à l'imparfait (il y en a 4) ou au passé simple (il y en a 4). Relis ensuite tout ton texte pour valider tes choix !

Grand Corbeau, le chef, (sortir) de sa tente, suivi de son épouse. Avec trois guerriers et Vieil Ours, le sorcier, Grand Corbeau (quitter) le camp pour aller s'asseoir à une cinquantaine de mètres de Cheval Vêtu qui les (observer) sous son armure. [...]
Quel homme (posséder) un pareil attirail ? Il (devoir) être bien puissant ? À coup sûr un grand guerrier !
Vieil Ours (prédire) aussitôt un grand malheur et (affirmer) qu'on (devoir) se débarrasser de ce cheval au plus vite.

FRED BERNARD, FRANÇOIS ROCA, *Cheval Vêtu*, 2008.
Avec l'aimable autorisation des Éditions Albin Michel.

503 Recopie ce texte en conjuguant les verbes à l'imparfait (il y en a 2) ou au passé simple (il y en a 8). Relis ensuite tout ton texte pour valider tes choix !

Il (approcher) du salon. Son cœur (cogner). Qu'(aller)-il donc découvrir en faisant le dernier pas ? Max (inspirer) longuement et (pénétrer) dans le salon, où il (buter) aussitôt contre l'aspirateur et (tomber). Il (lever) les yeux, terrifié, et (apercevoir) sa mère près de la fenêtre, en train de parler au téléphone. Elle lui (faire) des signes en souriant.

BJARNE REUTER, *Oscar, à la vie à la mort*, trad. Jean Renaud, © Le Livre de Poche Jeunesse, 2008.

504 Recopie ce texte en conjuguant les verbes à l'imparfait ou au passé simple. Relis ensuite tout ton texte pour valider tes choix !

Il (avancer) en chancelant vers la sortie quand tout à coup la lumière du soleil le (frapper) en pleine figure. C'(être) l'heure la plus chaude de la journée, celle où même les lézards (chercher) l'ombre. Pourtant Robinson (grelotter) de froid et (serrer) l'une contre l'autre ses cuisses encore mouillées de lait caillé. Il (se sauver) vers sa maison, la figure cachée dans ses mains.

MICHEL TOURNIER, *Vendredi ou la Vie sauvage*, © Éditions Gallimard, 2007.

505 Recopie ce texte en conjuguant les verbes à l'imparfait ou au passé simple. Relis ensuite tout ton texte pour valider tes choix !

Peu après, comme il ne se (passer) toujours rien, elle (décider) d'aller dans le jardin. Mais, hélas ! pauvre Alice ! Devant la porte, elle (s'apercevoir) qu'elle avait oublié la clef d'or et quand elle (revenir) à la table, elle (comprendre) qu'elle (être) maintenant trop petite pour l'atteindre. Elle la (voir) très distinctement à travers le verre et elle (s'efforcer) de grimper par l'un des pieds de la table, mais c'(être) trop lisse. Enfin, épuisée par tant d'efforts inutiles, la pauvre Alice (s'asseoir) par terre et (pleurer).

LEWIS CARROLL, *Alice au pays des merveilles*, trad. Michel Laporte, © Le Livre de Poche Jeunesse, 2010.

506 Recopie ce texte en conjuguant les verbes à l'imparfait ou au passé simple. Relis ensuite tout ton texte pour valider tes choix !

Il (regarder) toujours le ciel en réfléchissant, quand il (voir) tout à coup la lune glisser très vite derrière une branche et reparaître de l'autre côté. Puis elle (s'arrêter), et tout de suite après (recommencer) à glisser dans le ciel noir. Au même moment un épouvantable craquement (retentir). Robinson et Vendredi (sauter) sur leurs pieds. Ce n'(être) pas la lune qui (bouger), c'(être) l'arbre qui (être) en train de s'écrouler. Miné par l'explosion, le grand cèdre n'avait pu résister au vent de la nuit. Il (s'abattre) dans la forêt en écrasant sous lui des dizaines d'arbustes, et le sol (trembler) sous le choc de l'énorme tronc.

MICHEL TOURNIER, *Vendredi ou la Vie sauvage*, © Éditions Gallimard, 2007.

J'écris...

507 Essaie d'écrire un petit conte. Recopie et complète d'abord ce tableau pour t'aider dans le déroulement de ton récit. Bien sûr, comme presque tous les contes, le tien commencera par Il était une fois... et tes verbes seront essentiellement conjugués à l'imparfait et au passé simple.

Titre	
Le (les) héros	
Que doit faire le héros ?	
Les amis du héros	
Les adversaires du héros	
Le lieu de l'action	
L'époque de l'action	
Les ennuis du héros	

Je travaille seul(e)

corrigé p. 223

508 Recopie ce texte en conjuguant les verbes à l'imparfait (il y en a 5) ou au passé simple (il y en a 4). Relis ensuite tout ton texte pour valider tes choix !

Durant la troisième nuit la neige (cesser) de tomber, mais Aaron n'(oser) pas encore chercher son chemin vers la maison, dans l'obscurité. Le ciel bientôt (être) devenu clair et la lune (briller), jetant des filets d'argent sur la neige. Aaron (se glisser) dehors et (contempler) le monde autour de lui. Il (être) tout blanc, calme, plongé dans des rêves de splendeur céleste. Les étoiles (être) énormes et toutes proches. La lune (nager) dans le ciel comme dans une mer.

ISAAC BASHEVIS-SINGER, *Zlateh la chèvre et autres contes*, trad. Gisèle Bernier, © Éditions Stock, 1967.

Synthèse 6

509 **Recopie ces phrases en conjuguant les verbes au présent de l'indicatif.**

a) J'(étudier) mes leçons.
b) Le charpentier (scier) une planche.
c) Le maçon (démolir) un vieux mur.
d) Le cheval (franchir) l'obstacle.
e) Le camion (ralentir) dans la descente.
f) Je l'(apercevoir) enfin !
g) La nuit (descendre), le ciel (s'obscurcir).
h) Nous (prendre) un raccourci.
i) Est-ce que vous me (dire) la vérité ?
j) Un énorme engin (élargir) le chemin.

510 **Recopie ce texte en conjuguant les verbes au présent de l'indicatif.**

Derrière le jardin, en contrebas, (couler) la rivière où il est allé si souvent pêcher avec son père ou Albert le Laser. Sur l'autre rive (s'élever) des bois emplis de girolles et de cèpes en automne. Vers le bourg, les toits (s'étager) dans une légère pente. Au milieu (se dresser) le clocher pointu de l'église, surmonté de son coq qui (servir) de girouette et (indiquer) la direction du vent. À l'horizon, quelques collines (faire) le gros dos.
Riri (s'emplir) les yeux de ce paysage qu'il (connaître) et son cœur lui (dire) que c'(être) vraiment trop triste de s'en aller.

THÉRÈSE ROCHE, *La classe arc-en-ciel*, © Lire c'est partir, 2006.

511 **Recopie ce texte en conjuguant les verbes à l'imparfait de l'indicatif.**

À côté de la villa *Drôlederepos*, il y (avoir) un autre jardin avec une autre maison. Dans cette maison (vivre) un papa, une maman et leurs deux charmants enfants, un garçon et une fille, Tommy et Annika. C'(être) deux enfants très gentils, obéissants et bien élevés. Tommy ne se (ronger) jamais les ongles, il (être) toujours bien peigné et (faire) toujours ce que sa maman lui (dire). Annika ne (rouspéter) jamais quand elle (être) contrariée et elle (faire) toujours attention à ne pas salir ses vêtements fraîchement repassés. Tommy et Annika (jouer) gentiment dans leur jardin mais ils (regretter) souvent de ne pas avoir de petits camarades.

ASTRID LINDGREN, *Fifi Brindacier*, trad. Alain Gnaedig, © Le Livre de Poche Jeunesse, 2007.

512 **Recopie ces phrases en conjuguant les verbes au futur simple de l'indicatif.**

a) Nous (continuer) l'espagnol l'an prochain.
b) Au théâtre, nous (remercier) les acteurs en applaudissant.
c) Tu (cocher) les premières cases et tu (remplir) la dernière.
d) L'avion (atterrir) dans cinq minutes.
e) Vous (envoyer) une carte postale.
f) Je (faire) ce travail mais tu ne le (dire) pas !

513 Recopie ce texte en conjuguant les verbes aux temps demandés.

Tout (aller – **imparfait**) bien... Le vent (se calmer – **imparfait**), le navire ne (craquer – **imparfait**) plus, la mer (s'apaiser – **imparfait**).
Le noir du ciel (se déchirer – **passé simple**) en mille lambeaux de nuit, et le soleil (glisser – **passé simple**) jusqu'au Prince Sauvage. Julien (détacher – **passé simple**) lentement ses mains de la barre qui (retenir – **imparfait**) ses fers. Elles (trembler – **imparfait**) de fatigue. [...]
Gabriel, appuyé à la cloison, (sembler – **imparfait**) décomposé. Autour d'eux, les gémissements (s'éteindre – **imparfait**), mais les vomissures (dégager – **imparfait**) maintenant une puanteur insoutenable. Julien (sentir – **passé simple**) son estomac se contracter. Il n'(avoir – **passé simple**) que le temps de se pencher violemment en avant, et (vomir – **passé simple**) à son tour entre ses pieds.

EVELYNE BRISOU-PELLEN, *Deux graines de cacao*, © Le Livre de Poche Jeunesse, 2007.

514 Recopie ce texte en conjuguant les verbes aux temps demandés.

Piet (rester – **passé simple**). Il ne (penser – **imparfait**) aucunement à l'argent et au confort que rapporterait la vente des tulipes. Il (rêver – **imparfait**) de conserver ses fleurs [...].
C'(être – **présent**) alors qu'on (entendre – **passé simple**) le grondement d'une diligence suivie de quelques cavaliers.
Le véhicule (s'immobiliser – **passé simple**) devant la maison de Piet.
La portière (s'ouvrir – **passé simple**) d'un coup sec et un homme large et tout vêtu de noir en (descendre – **passé simple**). D'un pas décidé, il (marcher – **passé simple**) vers les tulipes.
La mère (courir – **passé simple**) à la maison et en (ressortir – **passé simple**) tenant à deux mains sa plus grosse poêle :
– Si ce vaurien (venir – **présent**) pour voler nos tulipes, il (aller – **présent**) tâter de ma fonte.
La mère et les filles (s'interposer – **passé simple**) entre les tulipes de Piet et l'homme en noir.

JENNIFER DALRYMPLE, *Le trésor de Piet*, coll. « J'aime Lire », © Bayard Jeunesse, 2010.

515 Recopie ce texte en conjuguant les verbes à l'imparfait ou au passé simple.

Au début tout se (passer) très bien. Ce jour de congé inattendu nous (mettre) d'excellente humeur. Il (faire) beau, les oiseaux (chanter), les écureuils (gambader) dans les arbres... Quelques-uns d'entre nous (commencer) à chanter de vieux refrains. Bref, nous (se sentir) très en forme, et nous ne (regretter) pas notre escapade !

Henry Winterfeld, *Les enfants de Timpelbach*, trad. O. Séchan, © Le Livre de poche jeunesse, 2008.

Temps simple et temps composé

Aide-mémoire

Dans un **temps simple**, le **verbe** est formé d'un **seul mot**. Sa terminaison nous indique à quel temps il est employé.
Exemples : je joue ➤ présent de l'indicatif
je jouais ➤ imparfait de l'indicatif

Dans un **temps composé**, le **verbe** est composé à partir de **deux mots** : l'auxiliaire **avoir** ou l'auxiliaire **être** conjugué à un temps simple **suivi du participe passé** du verbe conjugué.
Exemples : j'ai joué – j'avais joué – tu es parti – tu seras parti

Travail oral

516 Indique, pour chaque verbe, s'il est conjugué à un temps simple (précise quel temps) ou à un temps composé.

tu comprends – j'ai vu – je suis allée – vous jugerez – elles sortent – nous étions – elles sont rentrées – tu auras fini – il a accompli – tu graves – nous frottions – ils ont goudronné – vous aviez inspecté – tu applaudis – elles avaient comploté

517 Indique, pour chaque verbe, s'il est conjugué à un temps simple ou à un temps composé, puis donne l'infinitif du verbe.

nous excuserons – vous aviez appelé – j'ai acheté – nous jetons – tu as voulu – il fait – nous avons su – j'ai cueilli – tu offres – elles disent – j'ai tenu – on a eu

Exercices

518 Dans le texte ci-dessous, relève les trois verbes conjugués à un temps composé et cinq verbes conjugués à un temps simple. Donne leur infinitif.

Le problème, c'était de décider mon père. J'ai tellement peur qu'il me dise non que je l'attaque bille en tête comme s'il avait déjà refusé. Ce soir-là, j'ai attendu de le voir dans son fauteuil avec son verre de vin blanc bien frais qu'il dégustait à petites gorgées, en feuilletant une revue... J'avais une tactique, un truc que j'avais repéré à la télé, la technique du chaud-froid. On raconte n'importe quoi qui fait peur, on avoue ensuite que c'était pas vrai, le temps que la personne digère la mauvaise blague, on peut lui demander ce qu'on veut, tout lui paraît léger !

CLAIRE CLÉMENT, *Oualid président*, © Casterman, 2001.

519 **Indique, pour chaque verbe, s'il est conjugué à un temps simple (précise lequel) ou à un temps composé.**

il s'enfuit – nous avions couru – j'avais bu – tu auras cru – il veut – je suis descendu – je sers – tu comprenais – vous croirez – ils ont connu

520 **Indique, pour chaque verbe, s'il est conjugué à un temps simple ou à un temps composé, puis donne l'infinitif du verbe.**

vous distribuiez – nous avons respiré – j'avais fini – elle a brillé – elle criera – tu auras profité – nous naviguerons – j'ai dormi – je suis apparu – elles fleuriront

521 **Dans le texte ci-dessous, relève les trois verbes conjugués à un temps composé. Donne leur infinitif.**

De sa vie, Alice n'avait vu plus étrange terrain de croquet. Il n'y avait que des bosses et des trous. Des hérissons servaient de boules, des flamants roses de maillets et les soldats qui tenaient lieu d'arceaux devaient faire le pont en se tenant sur les mains et les pieds. La première difficulté pour Alice fut de maintenir son flamant. Elle y réussit en tenant le corps sous son bras, pattes pendantes, mais le plus souvent, au moment où elle avait obtenu que le cou soit bien raide pour taper sur le hérisson avec la tête, le flamant se retournait et la regardait dans les yeux avec une expression si ahurie qu'elle ne pouvait s'empêcher d'éclater de rire ; et, quand la tête était de nouveau en bas, Alice sur le point de recommencer s'apercevait que le hérisson en avait profité pour se dérouler et s'enfuir.

LEWIS CARROLL, *Alice au pays des merveilles*, trad. Michel Laporte,
© Le Livre de Poche Jeunesse, 2010.

Je travaille seul(e)

corrigé p. 223

★ **522** **Dans ce texte, relève tous les verbes conjugués et classe-les en deux colonnes : temps simple ou temps composé. Donne l'infinitif de chaque verbe.**

C'était une peinture très pâle, un étrange portrait. On aurait dit une vieille photographie en noir et blanc, mais le peintre, par petits coups de pinceau, l'avait rendue floue. Elle représentait une jeune femme aux cheveux longs et clairs et aux yeux en amande. Comme toute la classe, en entendant crier Djamel, j'avais d'abord cru qu'il nous faisait une de ses blagues habituelles... seulement, dès mon premier coup d'œil à sa reproduction, j'ai ressenti un étrange frisson. Il avait raison ! La femme du tableau, même floue, ressemblait énormément à ma mère... En un peu plus jeune, en un peu plus mince, en aussi souriante, elle lui ressemblait énormément.

HUBERT BEN KEMOUN, *Comment ma mère est devenue célèbre*, DR.

Conjuguer le verbe au passé composé

Aide-mémoire

On conjugue un verbe au **passé composé** avec l'auxiliaire **avoir** ou **être** conjugué **au présent de l'indicatif suivi du participe passé** du verbe conjugué.
Exemples : j'ai étudié – tu es tombé – il a fini – elle est venue

Attention ! Quand le participe passé est utilisé avec l'auxiliaire **être**, il **s'accorde** avec le sujet !
Exemples : je suis parti(e) – elle est partie – nous sommes parti(e)s – ils sont partis

Travail oral

523 Conjugue au passé composé.

planter un arbre – rester debout – suivre son idée – fendre une bûche – aller au marché

524 Conjugue aux 3es personnes du singulier et du pluriel du passé composé.

dîner sur la terrasse
vider la baignoire
rentrer chez soi
choisir un livre
tenir la rampe
visiter le musée
boire un jus de fruits
bâtir une cabane
tondre la pelouse
prendre une douche
nettoyer la table
vernir du lambris

Exercices

525 Conjugue au passé composé.

rempoter une plante – fournir un effort – perdre son temps – partir à bicyclette

526 Conjugue aux 1res personnes du singulier et du pluriel du passé composé.

fléchir les jambes
relire un roman
interroger les témoins
surprendre ses amis
préparer une salade
rire discrètement

527 Recopie ces phrases en conjuguant les verbes au passé composé.

a) Thomas (grimacer) de douleur.
b) Le joueur (lancer) le frisbee.
c) Les enfants (secouer) le cerisier.
d) Tu (agir) avec prudence.
e) Vous (répondre) à notre courrier.
f) Les spectateurs (envahir) la pelouse.
g) Nos parents (réunir) quelques amis.
h) Jack et Katie (retourner) en Écosse.
i) Le joueur d'échec (réagir) vite.
j) Vous (nourrir) le hamster.
k) Nous (rester) assis trop longtemps.
l) Vous (refléchir) longuement.

528 Recopie ces phrases en conjuguant les verbes au passé composé.

) Nous (attendre) l'ouverture des portes.
) J'(réserver) une table au restaurant.
) Nous (souhaiter) vous rencontrer.
l) Les manifestants (remonter) le boulevard.
:) Tu (vouloir) bien faire.
f) Les chasseurs (traquer) le chevreuil.
g) Qui (vendre) le dernier exemplaire ?
h) Nous (verrouiller) le portail.
i) Vous (renvoyer) le colis.
j) Comme vous (maigrir) !

529 Recopie ce poème en conjuguant les verbes au passé composé.

Jn petit canard

Un petit canard,
Un jour de printemps,
Un petit canard
S'en allait chantant.
Toutes les canettes
Admiraient sa voix.
Dans sa chansonnette
Il disait, je crois :
Un petit canard
Etc, etc, etc. [...]

JEAN-LUC MOREAU, *Un petit canard* in *Poèmes de la souris verte*, © Le Livre de Poche Jeunesse, 2010.

530 Dans ce texte, relève les 14 verbes conjugués au passé composé et donne leur infinitif.

Richelieu : En août 1636, lorsque les ennemis espagnols menaçaient Paris, c'est vous qui avez organisé la résistance. Vous avez recruté des volontaires, vous avez réquisitionné les chevaux, vous avez fait détruire les ponts qui donnaient accès à la capitale. Je dois vous avouer qu'à un moment j'ai douté. Le peuple me huait dans les rues. Des nobles à la solde de votre frère cherchaient à m'assassiner. Mais je suis reparti au combat pour vous épauler au milieu de vos troupes. Et ensemble nous avons vaincu.

Louis XIII : Vous avez contribué à notre victoire en développant notre marine de guerre, en payant en temps voulu nos soldats.

Richelieu : Hélas aussi, Majesté, en augmentant les impôts sur les populations qui se sont souvent révoltées. Nous avons dû réprimer dans le sang ces rébellions. Il a fallu aussi de nouveau combattre les grands seigneurs. Regardez votre tout dernier ori, le jeune Henri d'Effiat, marquis de Cinq-Mars. Il traitait avec l'Espagne et ait me faire assassiner. Je vous ai prouvé sa trahison et vous avez accepté de le nner à mort. J'ai craint un moment que vous ne m'abandonniez.

ALAIN DAG'NAUD, d'après *Louis XIII et Richelieu* in Bibliobus n° 23 *Les temps modernes*, © Hachette Livre, 2007.

528 Recopie ces phrases en conjuguant les verbes au passé composé.

a) Nous (attendre) l'ouverture des portes.
b) J'(réserver) une table au restaurant.
c) Nous (souhaiter) vous rencontrer.
d) Les manifestants (remonter) le boulevard.
e) Tu (vouloir) bien faire.
f) Les chasseurs (traquer) le chevreuil.
g) Qui (vendre) le dernier exemplaire ?
h) Nous (verrouiller) le portail.
i) Vous (renvoyer) le colis.
j) Comme vous (maigrir) !

★ **529 Recopie ce poème en conjuguant les verbes au passé composé.**

Un petit canard

Un petit canard,
Un jour de printemps,
Un petit canard
S'en allait chantant.
Toutes les canettes
Admiraient sa voix.
Dans sa chansonnette
Il disait, je crois :
Un petit canard
Etc, etc, etc. [...]

JEAN-LUC MOREAU, *Un petit canard* in *Poèmes de la souris verte*, © Le Livre de Poche Jeunesse, 2010.

★ **530 Dans ce texte, relève les 14 verbes conjugués au passé composé et donne leur infinitif.**

Richelieu : En août 1636, lorsque les ennemis espagnols menaçaient Paris, c'est vous qui avez organisé la résistance. Vous avez recruté des volontaires, vous avez réquisitionné les chevaux, vous avez fait détruire les ponts qui donnaient accès à la capitale. Je dois vous avouer qu'à un moment j'ai douté. Le peuple me huait dans les rues. Des nobles à la solde de votre frère cherchaient à m'assassiner. Mais je suis reparti au combat pour vous épauler au milieu de vos troupes. Et ensemble nous avons vaincu.

Louis XIII : Vous avez contribué à notre victoire en développant notre marine de guerre, en payant en temps voulu nos soldats.

Richelieu : Hélas aussi, Majesté, en augmentant les impôts sur les populations qui se sont souvent révoltées. Nous avons dû réprimer dans le sang ces rébellions. Il a fallu aussi de nouveau combattre les grands seigneurs. Regardez votre tout dernier favori, le jeune Henri d'Effiat, marquis de Cinq-Mars. Il traitait avec l'Espagne et voulait me faire assassiner. Je vous ai prouvé sa trahison et vous avez accepté de le condamner à mort. J'ai craint un moment que vous ne m'abandonniez.

ALAIN DAG'NAUD, d'après *Louis XIII et Richelieu* in Bibliobus n° 23 *Les temps modernes*, © Hachette Livre, 2007.

J'écris...

531 Écris un texte composé sur ce modèle.

– 1re phrase : Je + partir ou arriver ou aller au passé composé + complément de lieu ;
– les 5 phrases suivantes : je (j') + verbe au passé composé + complément.

Exemple :
Je suis arrivé au bord de la mer
J'ai regardé l'océan
J'ai pris du sable dans mes mains
J'ai regardé une voile au loin
...

Je travaille seul(e)

corrigé p. 223

532 Recopie ces phrases en conjuguant les verbes au passé composé.

a) Le sculpteur (manier) habilement le ciseau à bois.
b) Nous (s'exercer) au lancement du javelot.
c) Mamie (fariner) le moule à gâteau.
d) Les marins (évacuer) le navire.
e) Les jardiniers (désherber) le massif de fleurs.
f) Léa (pâlir) en entendant la nouvelle.
g) Le TGV (arriver) à l'heure.
h) Les promeneurs (apercevoir) le clocher du village.
i) Sur la plage, les enfants (collecter) les déchets.
j) J'(finir) de vernir ce meuble.

Conjuguer le verbe aux temps composés de l'indicatif

Aide-mémoire

On conjugue un verbe à un **temps composé** à partir de l'auxiliaire **être** ou **avoir** conjugué **à un temps simple suivi du participe passé** du verbe conjugué.

Le mode indicatif compte quatre temps composés :
– le **passé composé** : auxiliaire au présent
Exemples : j'ai accepté – nous avons voulu – je suis parti(e)
– le **plus-que-parfait** : auxiliaire à l'imparfait
Exemples : j'avais accepté – nous avions voulu – nous étions partis(es)
– le **futur antérieur** : auxiliaire au futur simple
Exemples : j'aurai accepté – nous aurons voulu – nous serons partis(es)
– le **passé antérieur** : auxiliaire au passé simple
Exemples : j'eus accepté – nous eûmes voulu – nous fûmes partis(es)

L'**action** exprimée au **temps composé** (plus-que-parfait, passé antérieur ou futur antérieur) **se déroule avant** celle exprimée **au temps simple**.

Exemples : Quand tu t'étais lavé(e) les mains, nous passions à table.
(t'étais lavé(e) : plus-que-parfait ; passions : imparfait)

Quand tu t'es lavé(e) les mains, nous passons à table.
(t'es lavé(e) : passé composé ; passons : présent)

Quand tu te seras lavé(e) les mains, nous passerons à table.
(seras lavé(e) : futur antérieur ; passerons : futur simple)

Travail oral

533 **Conjugue au passé composé, au plus-que-parfait et au futur antérieur.**

circuler à vélo – choisir un livre – rentrer à l'heure

534 **Conjugue aux 1res personne du singulier et du pluriel du passé composé, du plus-que-parfait et du futur antérieur.**

écrire une histoire – chercher son chemin – se promener

535 **Conjugue au passé composé, au plus-que-parfait et au futur antérieur.**

être en avance – avoir faim

536 **Recopie ces phrases en conjuguant les verbes au passé composé.**

a) Les bateaux (cingler) vers la Guadeloupe.
b) Les tomates (mûrir) au soleil.
c) Nous (boire) de l'eau du robinet.
d) Les gardiens (cadenasser) le portail.
e) Le médecin (examiner) Sonia.
f) Les chameliers (remplir) les outres.
g) La glace (rompre) sous vos pas.
h) Tu (établir) la facture à mon nom.
i) Elles (rentrer) avant la pluie.
j) Il (falloir) nettoyer le barbecue.

537 **Recopie les phrases de l'exercice 536 en conjuguant les verbes au plus-que-parfait.**

538 **Recopie les phrases de l'exercice 536 en conjuguant les verbes au futur antérieur.**

539 **Conjugue chaque verbe au temps et à la personne demandés.**

copier ➤ futur antérieur, 3e personne du singulier
secouer ➤ passé composé, 1re personne du pluriel
gémir ➤ plus-que-parfait, 2e personne du singulier
fuir ➤ futur antérieur, 3e personne du pluriel
s'évanouir ➤ passé composé, 3e personne du singulier
croire ➤ plus-que-parfait, 2e personne du pluriel
excuser ➤ futur antérieur, 1re personne du singulier
réussir ➤ plus-que-parfait, 3e personne du singulier
guérir ➤ passé composé, 1re personne du singulier
dire ➤ futur antérieur, 1re personne du pluriel

540 **Recopie ces phrases en conjuguant les verbes au temps demandé.**

a) Le peintre (commencer – **plus-que-parfait**) son travail.
b) Dès que les pompiers (arriver – **futur antérieur**), ils déploieront la grande échelle.
c) Quand vous (observer – **futur antérieur**) les chamois, vous me passerez les jumelles.
d) Nous (rire – **passé composé**) en entendant ton histoire.
e) Lorsque tu (écrire – **futur antérieur**) ta carte postale, nous la posterons.
f) Nous (apercevoir – **plus-que-parfait**) de gros nuages.
g) Quand les mécaniciens (effectuer – **futur antérieur**) la réparation, ils essaieront la voiture.
h) J'(rendre – **plus-que-parfait**) ce livre à la bibliothèque.

541 Recopie ces phrases en conjuguant chaque verbe au temps qui convient.

ranger
Dès que le linge sera repassé, on le ... dans les armoires.
Dès que le linge est repassé, on le ... dans les armoires.
Dès que le linge était repassé, on le ... dans les armoires.

débarquer
À peine les bateaux avaient-ils touché le quai que les marins ... le poisson.
À peine les bateaux ont-ils touché le quai que les marins ... le poisson.
À peine les bateaux auront-ils touché le quai que les marins ... le poisson.

terminer
Quand le tableau ..., on le présente.
Quand le tableau ..., on le présentait.
Quand le tableau ..., on le présentera.

★ **542 Recopie chaque phrase en conjuguant l'un des verbes à l'imparfait, l'autre au plus-que-parfait.**

a) Tu (raconter) tout à l'heure que tu (connaître) la même mésaventure l'an dernier.
b) Nous (classer) les photos que vous (prendre).
c) Quand Johan (remplir) tous les seaux, il les (vider) au pied des arbres du jardin.
d) Dès que le chien (entendre) la voiture de ses maîtres, il (s'élancer) au-devant d'elle.
e) Pierre-Louis ne (se déclarer) prêt à nous accompagner dans notre entraînement que quand il (parcourir), pour s'échauffer, dix tours de piste.

★ **543 Recopie ces phrases en conjuguant chaque verbe au temps qui convient.**

a) Quand tu auras froid, tu (mettre) un pull.
b) Quand tu (avoir) froid, tu mettais un pull.
c) Quand tu (poncer) la porte, je la peindrai.
d) Quand tu avais poncé la porte, je la (peindre).
e) Quand elle (comprendre) son erreur, elle la corrigera facilement.
f) Quand elle a compris son erreur, elle la (corriger) facilement.
g) Lorsque Sacha avait copié les fichiers, il me les (envoyer).
h) Lorsque Sacha (copier) les fichiers, il me les enverra.
i) Dès que Margot m'aura donné sa réponse, je te (prévenir).
j) Je te préviens dès que Margot m' (donner) sa réponse.

J'écris...

544 **Sur le modèle des phrases ci-dessous, rédige une liste de cinq actions que tu t'engages à accomplir... lorsqu'un événement fort improbable se sera déjà produit ! Utilise obligatoirement le futur simple et le futur antérieur.**

Quand on pourra mettre Paris en bouteille, je peindrai les nuages en vert.
Quand les poules auront des dents, je viendrai à l'école avec un nez de clown.

Je travaille seul(e)

corrigé p. 223

545 **Recopie ces phrases en conjuguant chaque verbe au temps qui convient.**

jeter
Dès que les passants ... les miettes de pain, les pigeons apparaîtront.
Dès que les passants ... les miettes de pain, les pigeons apparaissent.
Dès que les passants ... les miettes de pain, les pigeons apparaissaient.

cueillir
Nous préparerons le bouquet, lorsque tu ... les différentes fleurs.
Nous préparons le bouquet, lorsque tu ... les différentes fleurs.
Nous préparions le bouquet, lorsque tu ... les différentes fleurs.

refermer
Quand il avait longuement feuilleté les albums, il les ... .
Quand il aura longuement feuilleté les albums, il les ... .
Quand il a longuement feuilleté les albums, il les ... .

Conjuguer le verbe à l'impératif présent

Aide-mémoire

L'**impératif** sert à **exprimer** un **ordre**, un **conseil** ou une **interdiction**.
Exemples : Mange proprement. – Lis ce texte.

À l'impératif, le **sujet n'est pas exprimé** et les **verbes** ne se conjuguent qu'à **trois personnes**.

Exemples :	**Parle doucement.**	**Finis ce travail**	**Sors**
	Parlons doucement.	**Finissons ce travail**	**Sortons**
	Parlez doucement.	**Finissez ce travail**	**Sortez**

Attention ! Les verbes du 1er groupe **ne prennent pas** de **s** à la personne du singulier.

Travail oral

546 Quels sont les verbes conjugués à l'impératif présent ?

viens	nous venons	tu suis	il prend	je parle
sois	vous entendez	elles visitent	parle	appuie fort
prends	pensez-y	nous y pensons	ils plongent	on applaudit
sortez	nous avançons	tu dors	cours	lis

547 Lis ce texte et relève les verbes conjugués à l'impératif présent.

Le bateau s'immobilisa à quelques encablures du rivage et le capitaine Alexandre Mac Gregor s'adressa aux six mutins :
– Descendez dans le canot. Le bosco y a déposé une caisse qui vous permettra peut-être de survivre si vous vous montrez moins stupides que sur ce bateau.
Wagram, le chef des mutins, agrippa l'échelle de coupée, posa un pied sur le premier barreau et leva la tête vers le capitaine.
– Méfie-toi, Mac Gregor. Puisque tu nous laisses la vie, qui sait si ta route ne croisera pas à nouveau la mienne...
Le capitaine esquissa un petit sourire.
– Ne sois pas trop fier, Wagram, et grimpe dans ce canot avant que je ne change d'avis. Et avant de penser à croiser une nouvelle fois ma route, n'oublie pas que sur cette île, c'est de cinq loups que tu seras entouré...

JEAN-CLAUDE LUCAS

548 Conjugue à l'impératif présent.

fixer l'étagère
remplir un seau
dire la vérité
freiner
réfléchir
faire vite
inviter des amis
réussir son examen
prendre son temps

Exercices

549 Conjugue ces verbes à l'impératif présent.

a) sauter – danser – creuser – sonner – parler – manger – appeler – essayer
b) franchir – blêmir – agir – atterrir – surgir – partir – venir – vendre – aller

550 Dans ce texte, relève les verbes conjugués à l'impératif présent. Donne leur infinitif, puis conjugue-les à toutes les personnes de l'impératif présent.

Mahaut s'approcha du comte.
« Excusez-moi de vous déranger, père. Je voudrais vous demander une grâce...
– Parle. Tu es ma fille. Tout ce que j'ai t'appartient.
– Merci, mon père. Voilà... il s'agit d'une paysanne arrêtée hier pour une histoire de dîme et ... »

Le comte regarda fixement sa fille puis murmura :
« Je sais, Mahaut, je sais.
– C'est une vieille femme, père. Faites-lui grâce pour l'amour de moi.
– Mahaut, laisse à ton père le soin de s'occuper du château et des paysans. Ne crois pas que ce soit facile mais comprends : cette femme sert d'exemple. Si je fais grâce, tous nos paysans libres se sentiront encouragés à nous désobéir, à ne point nous payer ce qu'ils nous doivent. Et cela ne se peut, Mahaut ! Oublie ces choses et fais-toi belle pour tout à l'heure. Tu as juste le temps. »

BERTRAND SOLET, *Jehan de Loin*, © Le Livre de Poche Jeunesse, 2008.

★ **551 Recopie et complète ces phrases avec un des verbes suivants.**

sors – aie – dites – sois – veuillez – soyez – ayez

a) ... récompensés de vos efforts.
b) ... toujours un peu d'argent sur vous.
c) Ne ... pas n'importe quoi.
d) Sofiane, ... confiance en ce qu'il dit.
e) ... prudent ; ne ... pas la nuit.
f) ... croire, Madame, en l'expression de mes sentiments distingués.

★ **552** **Voici le début d'un itinéraire de randonnée. Récris-le à la personne du singulier et à la deuxième personne du pluriel de l'impératif présent.**

S'engager dans la Grand-Rue en direction du château. Tourner à gauche dans la rue aux Bœufs. À son extrémité, prendre à droite un sentier qui monte. Emprunter le GR sur la gauche. Bien suivre le balisage durant la traversée en forêt. 600 m plus loin, à un carrefour de sentiers, laisser le GR et partir sur la droite, puis prendre de suite à gauche un sentier sableux. Poursuivre en face par la rue Lamartine...

553 **Attention ! Afin que la phrase soit prononçable, on doit ajouter un s à la personne du singulier de l'impératif présent, quand le verbe est suivi de en ou y.**
Récris ces phrases comme dans l'exemple.

Exemple : Mange du potage ➤ Manges-en.

a) Apporte des documents. ➤ ...-en.
b) Garde un morceau de tarte. ➤ ...-en.
c) Plonge dans la piscine. ➤ ...-y.
d) Repense à tes vacances. ➤ ...-y.
e) Distribue quelques feuilles. ➤ ...-en.
f) Va dans le jardin. ➤ ...-y

J'écris...

554 **Tu as ci-dessous le début d'une recette de sorcière ! À toi maintenant d'imaginer la suite... Attention ! Tous les verbes devront être conjugués à l'impératif présent.**

Recette de l'élixir d'invisibilité
Au fond d'un bois peuplé de korrigans, cueillez deux pétales de primevère des neiges. Faites-les infuser 147 secondes dans un litre d'eau. Épluchez une carotte bleue...

Je travaille seul(e)

corrigé p. 223

555 **Recopie ces phrases en conjuguant les verbes à l'impératif présent. Attention, tu n'as pas toujours le choix de la personne !**

a) N'(oublier) pas de nous téléphoner.
b) Pour ton montage, (utiliser) de la colle forte.
c) (Être) attentifs aux remarques du professeur.
d) Malgré notre désir de parler, n'(intervenir) pas.
e) Au restaurant, (savoir) vous tenir correctement.
f) Pour être à l'heure, (avoir) toujours un œil sur ta montre !
g) Pour la nouvelle année, (écrire) ou (envoyer) un e-mail à ton oncle.
h) (se lever) de bonne heure pour ton examen.

Conjuguer le verbe au conditionnel présent

Aide-mémoire

Le **conditionnel** est un mode qui exprime **une action** dont la réalisation est **soumise à une condition**.

Exemple : Si tu venais me voir, j'en serais très heureux.

(Si tu venais me voir : condition ; serais : conditionnel présent)

On emploie le conditionnel présent quand la condition est exprimée à l'imparfait de l'indicatif.

Au **conditionnel présent**, **tous les verbes** se terminent par les **terminaisons** :

ais – ais – ait – ions – iez – aient

toujours **précédées** de la lettre **r**.

Exemples :

être : je serais – tu serais
parler : vous parleriez – elles parleraient
prendre : il prendrait – nous prendrions
avoir : il aurait – nous aurions
finir : je finirais – tu finirais
faire : je ferais – nous ferions

Travail oral

556 Quels sont les verbes conjugués au conditionnel présent ?

nous marchions – nous avions posé – nous mettrions – nous parlerons – nous faisons – je chanterai – je marchai – je jetterais – je crierai – je corrigeai

557 Relie les éléments qui vont ensemble afin de pouvoir composer des phrases correctes.

1) Si tu étais libre samedi,
2) Si nous mangions moins vite,
3) Si je n'avais pas été malade,
4) Si le vent se calmait un peu,
5) Si la neige tombait,

a) nous marcherions en raquettes.
b) je serais partie avec Pauline.
c) je t'inviterais à mon anniversaire.
d) nous pourrions jouer au badmington.
e) nous digérerions plus facilement.

558 Relève les verbes conjugués au conditionnel présent.

Le vieillard se tourna vers l'enfant et lui dit : « Si j'avais encore le temps, je partirais à la découverte du monde : je parcourrais les forêts tropicales, je gravirais les plus hauts sommets, je connaîtrais les pays du froid et les sables du désert, j'irais écouter le vent chanter sur les mers du Sud. Tu viendrais avec moi. Ensemble, nous découvririons tous les peuples de la Terre. » Alors, l'enfant prit la main du vieillard.

Exercices

559 Recopie ce texte, puis souligne les verbes conjugués au conditionnel présent.

J'aimerais une école tournée vers la nature. La classe serait une classe-jardin très vaste, transparente et ensoleillée où je pourrais utiliser mes talents de botaniste. Une véranda fleurie permettrait de pénétrer dans le royaume des livres et de s'y plonger tout en profitant du calme offert par ce coin champêtre. Mes travaux préférés resteraient l'écriture, la peinture et le dessin que j'exécuterais d'après nature.

560 Recopie seulement les phrases dans lesquelles tu trouves un verbe conjugué au conditionnel présent. Souligne ce verbe.

a) Si je gagnais au Loto, je partirais faire le tour du monde.
b) Si tu arrivais à l'heure, nous ne serions pas en retard.
c) S'il vient me rendre visite, je serai heureux.
d) Un avion se serait écrasé dans la cordillère des Andes.
e) Voudriez-vous entrer s'il vous plaît ?
f) Je souhaiterais que tu travailles mieux à l'école.
g) S'il fait beau dimanche, nous irons pique-niquer.
h) Si la pluie cessait, nous pourrions sortir.
i) Un singe, échappé du zoo, se promènerait dans les rues de la ville.

561 Recopie ces phrases en conjuguant les verbes au conditionnel présent.

a) Si vous aimiez les châtaignes, je vous en (rapporter).
b) Si vous entreteniez vos rollers, ils (rouler) mieux.
c) Si tu prenais ton temps, le résultat (être) meilleur.
d) Si tu allumais la lumière, tu (voir) les lignes de ton cahier.
e) S'il utilisait un produit spécial, il (décaper) plus vite cette vieille table.

★ **562 Recopie ces phrases en conjuguant l'un des verbes à l'imparfait de l'indicatif, l'autre au conditionnel présent.**

a) Je (penser) que tu (utiliser) ma recette.
b) S'il (lire) l'anglais, il (comprendre) ce panneau.
c) Jules et moi, nous (partir) bien maintenant si nous n'(avoir) pas peur de l'orage et de la pluie.
d) S'il me (téléphoner), je te (prévenir) aussitôt.
e) Nous (passer) te prendre tout de suite si le garagiste (réparer) la voiture.
f) Tu (pouvoir) chercher de la documentation par Internet si tu (acheter) un ordinateur.

J'écris...

563 Recopie ces phrases en les complétant avec un verbe de ton choix conjugué au conditionnel présent.

a) S'il faisait beau, nous ... .
b) S'il ..., il aurait de meilleurs résultats.
c) Si tu le voulais, tu ... .
d) Si nous avions une voiture, nous ... .
e) Si Anaïs relisait son travail, elle ... .
f) Si vous le désiriez, vous ... .
g) Si je roulais moins vite, je ... .
h) Si Johane partait de bonne heure, il ... .
i) Si Mathys tournait l'écran vers moi, je ... .
j) S'ils se concentraient, ils ... .

★ **564 Réponds aux questions en utilisant l'imparfait de l'indicatif et le conditionnel présent**

Exemple : As-tu un lecteur de DVD pour visionner ce documentaire ?
➤ Non, si j'avais un lecteur de DVD, je visionnerais ce documentaire.

a) As-tu un billet d'entrée pour visiter le musée du Louvre ?
b) Lina fait-elle des économies pour s'acheter un scooter ?
c) Avez-vous votre livre pour apprendre votre leçon ?
d) Avons-nous assez d'argent pour aller au cinéma ?
e) Ont-ils suffisamment d'outils pour jardiner ?

Je travaille seul(e)

corrigé p. 223

565 Recopie ce texte en soulignant les verbes conjugués au conditionnel présent.

Parcourir toutes les mers du monde, escalader toutes les montagnes, rencontrer tous les peuples... Si cela était possible, quel plaisir j'aurais, car je remplirais ma vie de moments inoubliables. Aujourd'hui, assis à mon bureau d'écolier, je ne sais pas si je traverserai un seul océan, mais je sens déjà une chose : il faut aller au bout de ses rêves.

★ **566 Recopie ces phrases en conjuguant les verbes entre parenthèses à l'imparfait ou au conditionnel présent**

a) Si tu mangeais de la soupe, tu ne (grandir) pas davantage !
b) Si je lisais davantage, je (connaître) plus de choses.
c) Si elles (porter) un sac à dos moins lourd, elles marcheraient plus vite.
d) Si le public connaissait mieux cette chanson, il l'(apprécier) sûrement.
e) Steve (aller) à la piscine si sa mère le permettait.

Participe présent et participe passé

Aide-mémoire

Comme l'**infinitif**, le **participe** est un **mode de conjugaison impersonnel** : il n'y a aucune personne de conjugaison.

Dans le mode participe, on distingue :
– le **participe présent** : il est invariable et n'a qu'une seule terminaison : **ant**
Exemples : chantant – finissant – prenant – allant...
On le trouve souvent précédé de **en** : en chantant – en finissant...
– le **participe passé** : en **é** pour les verbes du **1er groupe**, **i** pour les verbes du **2e groupe**, **i**, **u**, **s** ou **t** pour les verbes du **3e groupe**.
Exemples : rangé – fini – sorti – perdu – pris – écrit...

On identifie le participe passé en conjuguant le verbe au passé composé.
Exemples : il a mangé – il a vendu – il est parti...

Travail oral

567 Quel est le participe présent de chacun de ces verbes ?

identifier – sortir – envoyer – acheter – appuyer – promettre – modifier – nourrir – accepter – guérir – continuer – vieillir – perdre – pouvoir – dire – faire – venir – croire – battre – détruire – grossir – tracer – s'allonger – percer

568 Quel est le participe passé de chacun des verbes de l'exercice 567 ?

569 Dans ce texte, relève les participes présents et les participes passés.

En arrivant au bord de la route je fus étonné du spectacle : le garçon s'était relevé et restait là, frappant frénétiquement la route avec son bâton, tournant en rond en appelant ses compagnons.
Au bout de quelques instants, il s'arrêta et, les yeux pleins de larmes, partit en courant vers le village. J'avais été surpris par la réaction du garçon mais j'allais être sidéré en regagnant à mon tour le village.

Exercices

570 Pour chacun de ces verbes, donne son participe présent et son participe passé.

dépanner – choisir – classer – vouloir – cueillir – vibrer – respirer – vouloir – collectionner – brûler – maigrir – revoir – rougir – défaire – tordre – paraître – avoir – être – tenir

571 Pour chacun de ces verbes, donne son participe présent et son participe passé.

entendre – réussir – devenir – décevoir – percer – déménager – épeler – essuyer – souffler – diminuer – servir – savoir – ouvrir – peindre – plier – guider – agir – fendre

572 Dans le texte suivant, relève les participes présents (3) et les participes passés (7) et écris l'infinitif correspondant.

J'avais à peine prononcé le mot de « petit » qu'Hugo s'est avancé vers moi d'un air féroce et que son frère s'est extrait de la penderie, renversant au passage la moitié des vêtements suspendus aux cintres. Du coup, c'est moi qui me suis sentie toute petite. Ils n'avaient peut-être que cinq ans, mais à eux deux, ça faisait dix.

« Si, c'est nous qui vont te garder » a redit Hugo, cette fois en haussant le ton. En y réfléchissant, ma mère n'avait peut-être pas tort de m'avoir dit que j'étais trop jeune pour faire du baby-sitting.

JOSETTE CHICHEPORTICHE, *Loulou a des projets.*

J'écris...

573 Les phrases ci-dessous sont construites sur le modèle suivant :

verbes au participe présent + c.o.d., sujet + verbes au passé composé.

À ton tour, écris un texte composé de six à dix phrases sur ce même modèle.

Exemple :

En écoutant le chant des oiseaux, nous nous sommes endormis.

En regardant la mer, nous avons rêvé.

En...

Je travaille seul(e)

corrigé p. 224

574 Pour chacun de ces verbes, donne son participe présent et son participe passé.

bousculer – refuser – instruire – balayer – avertir – rendre – devoir – lire – déranger – surprendre – complimenter – dire – louer – mettre – manger

Synthèse 7

★ **575 Dans ce texte, relève tous les verbes conjugués et classe-les en deux colonnes : temps simple ou temps composé. Donne l'infinitif de chaque verbe.**

Un matin, dès qu'Ysengrin fut remis sur pied, il se rendit à la Cour en compagnie de dame Hersent.
Leur venue fit grand bruit car il ne faut pas oublier qu'Ysengrin était un grand personnage à la cour du roi. Il était investi de la fonction de connétable.
Les plus grands animaux du royaume s'étaient déplacés afin de venir écouter les raisons qui avaient mené le loup jusqu'au souverain.
Lorsqu'Ysengrin parut devant le roi, il découvrit la grande assemblée qui s'était réunie pour entendre sa clameur. Le lion, superbement couronné, trônait dans son fauteuil, entouré par de puissants barons et de riches vavasseurs.

KARINE TOURNADE, *Le roman de Renart*, © Lire c'est partir, 2006.

576 Conjugue à la personne demandée du passé composé, du plus-que-parfait et du futur antérieur.

prendre le train (tu)
remplir un arrosoir (vous)
lire une BD (elle)
pardonner nos erreurs (ils)
passer l'aspirateur (je)
relire l'histoire (nous)

577 Conjugue à l'impératif présent.

partir de bonne heure
aller se laver les dents
arracher les mauvaises herbes
ouvrir la fenêtre
relire son travail
refaire l'exercice

★ **578 Recopie chaque phrase en conjuguant l'un des verbes à l'imparfait de l'indicatif, l'autre au conditionnel présent.**

a) Si les hirondelles (revenir,) le printemps (s'annoncer).
b) Nous (prendre) le train si le voyage en avion (se révéler) trop coûteux.
c) Si nous (posséder) un télescope, nous (observer) souvent les astres.
d) Si nos parents (accepter), j'(adopter) ce chien perdu.
e) J'(apprécier) son maquillage s'il (être) plus discret.
f) Vous (comprendre) plus vite, si vous (écouter) plus attentivement.
g) Si nous (avoir) le temps de nous entraîner, nous (s'inscrire) bien à cette course.
h) Elle (noter) toutes ces informations si elle (retrouver) de quoi écrire.
i) Vous (s'enrhumer) moins facilement si vous (se couvrir) davantage.
j) Si tu (écrire) moins vite, ce (être) plus lisible.

579 **Dans ce texte, relève tous les verbes conjugués. Indique le temps de chacun et donne son infinitif.**

Entre l'Amérique du Nord et l'Amérique du Sud se trouvait un territoire appelé Méso-Amérique. Au XVIe siècle, des soldats espagnols sont arrivés sur ces terres et en ont pris le contrôle. Les Mayas et les Aztèques ont vécu en Méso-Amérique pendant des siècles, mais ces grandes civilisations ont finalement disparu.
Les Mayas et les Aztèques ont construit d'immenses cités.

ROBERT COUPE, *Aztèques et Mayas*, trad. Lucile Galliot,
© Weldon Owen Pty Ltd, 2008, © Hachette Livre, 2010.

580 **Futur simple ou conditionnel présent ?**

Si la condition est exprimée au présent de l'indicatif ➤ futur simple.
Exemple : Si nous avons un peu de temps, nous passerons les voir.

Si la condition est exprimée à l'imparfait de l'indicatif ➤ conditionnel présent.
Exemple : Si nous avions un peu de temps, nous passerions les voir.

Recopie ces phrases en conjuguant les verbes au futur simple ou au conditionnel présent.

a) J'espère que ton père ne (conduire) pas trop vite.
b) Je croyais que ton père (conduire) moins vite.
c) Si nous gagnions plus d'argent, nous (cotiser) à cette association.
d) Si nous gagnons plus d'argent, nous (cotiser) à cette association.
e) Vous (emporter) beaucoup d'eau si vous deviez traverser le désert.
f) Vous (emporter) beaucoup d'eau si vous devez traverser le désert.
g) Si tu n'avais pas peur dans le noir, tu (explorer) bien cette grotte.
h) Tu (explorer) bien cette grotte si tu n'as pas peur dans le noir.

581 **Dans ces phrases, les conditions sont exprimées au présent de l'indicatif. Récris-les à l'imparfait de l'indicatif et effectue les modifications nécessaires.**

a) Si nous arrosons les fleurs, elles ne faneront pas.
b) Si vous visitez ce musée, vous y découvrirez des merveilles.
c) Si Jordan se lance dans la cuisine, nous mangerons au restaurant !
d) Si tu tailles ton crayon, tu traceras plus proprement ta figure.

582 **Recopie chaque phrase en conjuguant le verbe au temps qui convient : imparfait, futur simple ou conditionnel présent.**

a) Demain, Cécile (venir) te voir.
b) Si ta carte (être) plus précise, je te montrerais l'emplacement du vieux moulin.
c) Les tulipes (fleurir) dans quelques jours.
d) Nous (déguster) volontiers une glace, mais nous n'avons pas assez d'argent !

V
LES ACCORDS

Accorder le nom avec le déterminant

Aide-mémoire

Le **nom** s'accorde en genre et en nombre avec son **déterminant**.
Le **pluriel des noms** se forme en ajoutant un **s** au nom singulier (ou parfois un **x**).
Exemples : un ordinateur ➤ des ordinateurs   un seau ➤ des seaux

Mais il y a de **nombreux cas particuliers**.
Exemples : un signal ➤ des signaux   un travail ➤ des travaux
un œil ➤ des yeux   un nez ➤ des nez

Travail oral

583 **Lis ces noms et indique quel déterminant peut les précéder : un ou une ? Quelle remarque peux-tu faire ?**

athlète – concierge – artiste – secrétaire

584 **Lis ces noms et indique quel déterminant peut les précéder : le, la ou les ? Quelle remarque peux-tu faire ?**

tapis – noix – creux – souris

585 **Lis chaque déterminant avec un nom correspondant.**

des	assiette
cet	arbre
une	chaussures
ces	musiciens
la	signal
ton	voiture

un	cerises
sa	employé
quelques	barrière
quatre	compliment
le	habitation
cette	oranges

Exercices

586 **Dans ce texte, cinq noms ne sont pas accordés avec leur déterminant. Relève-les et accorde-les avec leurs déterminants.**

On avait déblayé les ruines, abattu les pans de murs délabrés et reconstruit cinq maisons. Le hameau comptait désormais vingt-huit habitant dont quatre jeunes ménage. Les maisons neuves, crépies de frais, étaient entourées de jardin potagers où poussaient, mélangés mais alignés, les légumes et les fleurs, les choux et les rosiers, les poireau et les gueules-de-loup, les céleri et les anémones. C'était désormais un endroit où l'on avait envie d'habiter.

JEAN GIONO, *L'homme qui plantait des arbres*, © Éditions Gallimard, 2002.

587 Dans ce texte, quatre noms ne sont pas accordés avec leur déterminant. Relève-les et accorde-les avec leurs déterminants.

Tous les mercredis, en fin d'après-midi, nous passons deux heures à la bibliothèque. C'est une grande pièce remplie d'ordinateurs, de revue scientifiques, de dictionnaires, de journau, de documents savants et de biographies de personnage importants.
Albert choisit un exemplaire de la revue *Science et vie* et Didi un dictionnaire illustré. Marie et moi aurions eu envie de jouer à l'ordi, mais nous ne l'avons pas fait parce que tous les sites amusants ont été bloqués par nos parent.

DOMINIQUE DEMERS, *Une gouvernante épatante*, coll. « Folio cadet », © Éditions Gallimard Jeunesse, 2010.

★ **588 Recopie ce texte en complétant chaque nom avec un déterminant qui convient (attention aux majuscules !) : notre, les, du, ces, l', l', quelques, l', la, un, le, nos, les, l'.**

... squelette est constitué de 206 os. ... os sont ... armature ... corps et ils servent à protéger ... organes : ... côtes protègent ... cœur et ... poumons, etc. ... os le plus long est celui de ... cuisse ; ... étrier est ... tout petit os situé dans ... oreille, il ne mesure que ... millimètres.

Je travaille seul(e)

corrigé p. 224

589 Dans ce texte, cinq noms ne sont pas accordés avec leur déterminant. Relève-les et accorde-les avec leurs déterminants.

Après dix-huit mois de préparatifs, la flottille de Magellan appareille le 20 septembre 1519. Environ 260 hommes d'équipage embarquent à bord de cinq navire chargés d'armes et de cadeaux (des bijou de pacotille, des miroirs, des pièces d'argent) destinés à plaire aux souverain d'Asie. Deux mois de navigation les conduisent des Canaries jusqu'au Brésil.
Les voyageur longent la côte du Brésil en direction du sud-ouest, guettant l'ouverture vers la « mer du Sud » découverte par l'Espagnol Vasco Nùnez de Balboa en 1513. Pour trouver le passage, il faut explorer la moindre ouverture. À plusieurs reprise, à la hauteur d'une baie ou d'un golfe, ils croient avoir trouvé le détroit mais ils doivent rebrousser chemin.

MARC PELLOTÉ, *À la rencontre des explorateurs*, © Castor Poche-Flammarion, 2004.

Accorder l'adjectif qualificatif avec le nom

Aide-mémoire

Les **adjectifs qualificatifs** accompagnent les **noms** et s'accordent **en genre et en nombre** avec ceux-ci.

Exemple : un conte intéressant ➤ des contes intéressants

une histoire intéressante ➤ des histoires intéressantes

Le **participe passé** est souvent **employé** comme un **adjectif qualificatif**. Il s'accorde donc en genre et en nombre avec le nom qu'il qualifie.

Exemple : Ces fleurs coupées sont magnifiques.

Quand un **adjectif qualificatif** ou un **participe passé** se rapporte à **plusieurs noms de genres différents**, il prend la marque du **masculin pluriel**.

Exemple : J'ai acheté une chemise et un pantalon blancs.

Les **adjectifs de couleur** s'accordent **en genre et en nombre** avec les noms qu'ils qualifient (des bonnets rouges), **sauf** lorsque la couleur est désignée par :

– un adjectif composé (des bonnets bleu marine) ;

– comparaison avec un fruit, une fleur (des pulls marron, des bonnets fuchsia).

Exceptions : rose, fauve et mauve s'accordent.

Travail oral

590 **Lis les noms avec les adjectifs qui conviennent.**

une rue	entraînant
des animaux	entraînante
une danse	sauvages
un air	sauvage
un chat	étroits
des chemins	étroite
un match	importants
des documents	patiente
des élèves	bavards
une institutrice	important

591 **Dans chaque groupe nominal, relève l'adjectif qualificatif, puis utilise-le avec un nom masculin.**

une rivière calme
une mignonne maisonnette
une pluie monotone
une lettre personnelle
une activité dangereuse
l'école publique
l'ancienne forteresse
une journée ensoleillée
une sauce crémeuse

Exercices

592 Recopie en accordant les adjectifs qualificatifs avec les noms qu'ils accompagnent.

une brume (léger)	une orange (juteux)	une enseigne (lumineux)
une guenon (malicieux)	une ânesse (têtu)	la population (actif)
une robe (gris)	une trapéziste (adroit)	une tarte (appétissant)

593 Recopie en accordant les adjectifs qualificatifs avec les noms qu'ils accompagnent. L'adjectif peut se placer devant ou derrière le nom.

une chanson (doux)	une manière (brutal)	la pluie (battant)
une notion (essentiel)	la rue (principal)	une femme (vieux)
une maison (spacieux)	une coutume (régional)	une activité (habituel)

594 Recopie en accordant les adjectifs qualificatifs avec les noms qu'ils accompagnent. L'adjectif peut se placer devant ou derrière le nom

des stations (thermal)	une élève (studieux)	les zones (tropical)
une craie (blanc)	une route (long)	une région (sec)
une douleur (aigu)	de la monnaie (faux)	une journée (beau)

595 Mets ces groupes nominaux au pluriel.

un devoir oral	une leçon orale	un cri joyeux	un geste amical
un trait vertical	une tige horizontale	un chat gris	un film original

596 À l'aide des noms et des adjectifs qualificatifs proposés, écris des groupes nominaux.

un collier	chère
des boucles d'oreilles	chers
des bracelets	cher
une bague	chères

un salut	amicales
des paroles	amical
des sourires	amicale
une tape	amicaux

597 Écris ces groupes nominaux avec l'adjectif proposé. Attention aux accords !

a) **mensuel** un journal – une revue – des magazines – des visites
b) **nouveau** un élève – des robes – une amie – des films
c) **neuf** un livre – des disquettes – des claviers – une voiture
d) **obscur** un couloir – des endroits – une grotte – des cavernes
e) **savoureux** un plat – une recette – des mets – des tourtes
f) **violent** une giboulée – des orages – un incendie – des ondées

598 Recopie ces phrases en accordant les adjectifs qualificatifs.

a) Ces vêtements sont (humide).
b) Tu portes des habits (neuf).
c) Tu as laissé les portes (clos).
d) Sa maman lui a raconté une histoire (merveilleux).
e) Ces nouveaux microprocesseurs sont (onéreux).
f) Nous avons passé une soirée (reposant).
g) Alexia et Titouan ont des chevelures (blond).
h) Nous avons écouté ses explications (précis).
i) Cette crème est (onctueux).
j) En forêt, les biches sont (craintif).
k) Cet été, les pluies sont (torrentiel).

599 Mets ces phrases au pluriel.

a) C'était un mur long et étroit, orienté de l'ouest à l'est.
b) C'était un élève sage, studieux, poli et toujours consciencieux.
c) C'était une belle voiture rouge, racée, puissante et rapide.
d) C'était un superbe trimaran, fin, élégant et prêt à bondir sur les flots.

600 Mets ces groupes nominaux au singulier.

des espèces aquatiques	les eaux côtières	des livres ennuyeux
des dessins animés	des reportages passionnants	des problèmes difficiles
mes vedettes favorites	des fillettes attentives	des animaux heureux
des hymnes nationaux	des produits économiques	des chevaliers courageux

601 Recopie ces phrases en accordant les participes passés.

a) La voiture (vidangé) et (réparé) est prête à reprendre la route.
b) Des roses (parfumé) embaumaient la maison.
c) Ces candidats très (instruit) devraient facilement gagner le jeu.
d) Une fois ta leçon (compris), tu pourras aller jouer.
e) Les portes (repeint) en blanc paraissent plus lumineuses.

602 Recopie ce texte en accordant les adjectifs qualificatifs.

Le rhinocéros pèse près de deux tonnes ; sa peau est (épais), (dur) et (rugueux). Cependant, pour éviter les piqûres d'insectes, il s'enfouit tout le jour dans l'eau (boueux) ; quand il ressort, elle sèche et forme une couche (protecteur). Plusieurs rhinocéros vivent sur le même territoire ; ils le marquent à des endroits (fixe) avec leur urine... Si une bête (inconnu) y pénètre, elle sera (chassé). Le rhinocéros emprunte toujours le même chemin. Il trace ainsi des sentiers (utile) aux autres animaux parmi les buissons (épineux).

★ **603** **Transforme ces expressions comme dans l'exemple.**

Exemple : couper une fleur ➤ une fleur coupée

marquer un but
étudier une leçon
saisir l'occasion
lire les consignes
conjuguer un verbe
tondre la pelouse
ébrancher les arbres
ouvrir la porte
recevoir un colis

★ **604** **Transforme ces expressions comme dans l'exercice 603.**

envoyer une lettre
rendre la monnaie
évoquer des souvenirs
commencer un travail
reproduire une œuvre
boire une tisane
éteindre la lampe
ensemencer des champs
cueillir des fleurs

★ **605** **Recopie chaque phrase en accordant l'adjectif ou le participe passé avec le nom qu'il qualifie.**

a) (Emporté) par le vent, les feuilles volaient en tout sens.
b) (Découragé) par la pluie, les cavaliers firent demi-tour.
c) (Envahi) par les mauvaises herbes, le jardin a triste mine.
d) (Mélangé) avec de la confiture, cette crème est bien meilleure.
e) (Petit) comme ils sont, ils doivent passer inaperçus.

★ **606** **Recopie chaque phrase en accordant l'adjectif ou le participe passé avec le nom qu'il qualifie.**

a) (Allongé) sur le sable, elles dormaient au soleil.
b) Superbement (écrit) à la plume, cette lettre mériterait d'être encadrée.
c) (Content) de leur qualification, les joueurs saluaient leur public.
d) (Satisfait) de son travail, elle reposa ses crayons de couleur.
e) Bien (colorié) par les enfants, cette affiche est superbe.

★ **607** **Recopie ce texte en accordant les adjectifs qualificatifs et participes passés, si c'est nécessaire.**

Le Moyen Âge connaît un (grand) bond en avant avec l'utilisation de la force du vent et de l'eau pour moudre le blé dans les moulins. L'homme, (libéré) de ces travaux (long) et (pénible), consacre son temps à d'autres tâches, notamment la mise en culture de (nouveau) champs. [...] Les paysans défrichent de (nouveau) terres, des forêts (entier) sont abattues pour être transformées en (vaste) champs que les paysans labourent avec des charrues (muni) de socs en fer. Ils peuvent ainsi creuser des sillons plus (profond) dans les terres mieux (travaillé).

PHILIPPE SIMON, ÉMILIE BEAUMONT et MARIE-LAURE BOUET, *L'histoire de France*, coll. « Imagia », © Fleurus Éditions, 2010.

★ **608** **Recopie en accordant chaque adjectif qualificatif avec les noms qu'il qualifie.**

un pantalon et une ceinture (noir)
le tronc et les branches (givré)
la nappe et les serviettes (chiffonné)
un chemisier et une veste (bleu)
une manche et un match (perdu)
un fauteuil et un canapé (contemporain)

★ **609** **Recopie en accordant chaque adjectif qualificatif avec les noms qu'il qualifie.**

un catalogue et une revue (périmé)
un plat et une boisson (régional)
des idées et des projets (personnel)
une plante et une fleur (tropical)
un document et une lettre (confidentiel)
une balle et un palet (mou)

610 **Recopie en accordant chaque adjectif qualificatif avec le nom qu'il qualifie (quand c'est nécessaire).**

des gilets (bleu)
des stylos (noir)
des bonbons (jaune citron)
des robes (cerise)
des joues (rose)
des chemises (abricot)
des poivrons (vert)
des couettes (blanc)
des feuilles (vert clair)
des chemises (tomate)

611 **Recopie en accordant chaque adjectif qualificatif avec le nom qu'il qualifie (quand c'est nécessaire).**

des eaux (gris)
des vestes (bleu outremer)
des drapeaux (rouge foncé)
des maillots (orange)
des chevelures (roux)
des pochettes (saumon)
des jupes (pêche)
des couvertures (groseille)
des assiettes (vert jade)
des chaussures (jaune vif)

612 **Recopie ce texte en accordant les adjectifs qualificatifs et participes passés (quand c'est nécessaire).**

La population de ce hameau entoura aussitôt Bullit. Les rangers portaient un uniforme : vareuse de toile (kaki) à gros boutons (métallique), short et chéchia de la même étoffe, cartouchière à la ceinture. Les mécaniciens étaient habillés de guenilles, les serviteurs de (long) tuniques (blanc) (serré) à la taille par un rouleau d'étoffe (bleu), les scribes de vêtements (européen), y compris la cravate. Sur les cotonnades des femmes, les couleurs les plus (vif), les plus (cru), et les plus (heurté), s'affrontaient avec un bonheur constant. Les enfants étaient (nu).

JOSEPH KESSEL, *Le lion*, © Éditions Gallimard, 2007.

J'écris…

613 **En t'aidant éventuellement de ton dictionnaire, choisis six adjectifs qualificatifs. Associe ensuite chaque adjectif qualificatif avec un nom.**

Exemple : calme, doux, fragile… ➤ un matin calme, un regard doux, un objet fragile…

Pour chaque groupe nominal formé, trouve un autre groupe nominal où au moins l'adjectif donnera une idée contraire, puis construis alors un texte sur ce modèle.

Qui attend ?
Un matin calme qui attend un soir fougueux,
Un regard doux qui attend des yeux furieux,
Un objet fragile qui attend un cœur solide,
…

614 **Fais une phrase avec chaque groupe nominal en accordant l'adjectif.**

des chemises (pistache) – des marinières (bleu clair) – des draps (violet) – des torchons (jaune) – des chaussettes (marron foncé) – des rideaux (écru) – des boucles d'oreilles (doré)

Je travaille seul(e)

corrigé p. 224

615 **Recopie ces phrases en accordant les adjectifs qualificatifs ou participes passés.**

a) De (lourd) nuages s'amoncelaient et annonçaient une soirée (pluvieux).
b) Cette (petit) pièce est (essentiel) à l'équilibre de ma construction.
c) Les gâteaux (cuit) seront (sorti) du four, puis (démoulé) sur une plaque.
d) Les deux alpinistes (fatigué), mais (heureux), arrivaient enfin sur l'arête la plus (haut).
e) Au centre de l'église, quatre (fort) piliers de pierre supportent le clocher (octogonal).

★ **616** **Recopie ces phrases en accordant les adjectifs qualificatifs ou participes passés.**

a) Ces pêches (juteux) sont (délicieux).
b) Le gâteau et la brioche (parfumé) embaumaient la cuisine.
c) (Étourdi) par sa chute, la cavalière (débutant) se releva avec peine.
d) Nous débarrassons la maison d'un fauteuil et d'une chaise (cassé).
e) Les pierres (chauffé) par le soleil roulaient sous les pieds mal (chaussé) des touristes (imprudent).

Accorder le verbe avec son sujet

Aide-mémoire

Le verbe s'accorde toujours avec son sujet. On peut identifier le sujet du verbe en posant les questions Qui est-ce qui ? ou Qu'est-ce qui ?
Exemple : Ces deux frères possédaient un vaste jardin.

Attention cependant à quelques difficultés :
– Plusieurs sujets singuliers valent un sujet pluriel.
Exemple : Octave et Arsène adoraient le jardin.

– Attention à bien identifier le mot essentiel dans le sujet.
Exemple : Les légumes du jardin étaient mélangés.

– Dans une phrase, le sujet peut se trouver après le verbe. On parle alors d'un sujet inversé.
Exemple : Dans le jardin poussaient des arbres magnifiques.

– Le sujet peut être éloigné du verbe.
Exemple : Le jardin, planté de mille fleurs, embaumait les alentours.

– me, te, le, la, les, l', leur... placés avant le verbe sont des pronoms personnels compléments. Ils ne sont jamais sujets du verbe.
Exemple : je les admirais.

– Quand plusieurs sujets sont résumés par un seul mot (tout, rien, personne, aucun, chacun...), c'est avec ce mot que le verbe s'accorde.
Exemple : Brocolis, poivrons, carottes, tout était mélangé.

Travail oral

617 **Lis en complétant avec un sujet de ton choix.**

a) ... élimine ses adversaires.
b) ... mûrissent déjà.
c) ... parlent très fort.
d) ... apercevons la mer.
e) ... étend le linge.
f) ... as beaucoup de mémoire.
g) ... démarre la voiture.
h) ... désherbent le talus.
i) ... repeignent la mairie.
j) ... parle trop fort.

618 Lis ces phrases en les complétant avec les verbes conjugués suivants :
regardent – agrandit – fournissent – possèdent – repère

a) Nos cinq sens ... des informations à notre cerveau.
b) Les caméléons, grâce à leurs deux yeux mobiles, ... dans plusieurs directions en même temps.
c) Le dauphin, équipé naturellement d'un sonar, ... les poissons à une centaine de mètres.
d) La loupe ... l'image d'un objet.
e) Les bergers allemands ... un flair exceptionnel.

Exercices

619 Recopie ces phrases en conjuguant les verbes au présent de l'indicatif.

a) Les chevaux galop... dans le pré.
b) Dans ce virage dangereux, les voitures ralenti... beaucoup.
c) Pendant que les souris grignot..., un chat s'approch... .
d) Les élèves de l'école organis..., samedi matin, un tournoi de tennis de table.
e) Le vent se lèv..., les navires rentr... au port.
f) De gros nuages obscurci... le ciel ; l'orage s'annonc... .

620 Recopie ces phrases en conjuguant les verbes au présent de l'indicatif.

a) Ryan et sa petite sœur jou... dans le jardin.
b) La Seine et l'Eure arros... notre département.
c) Le fémur, le tibia et le péroné compos... une partie du squelette de la jambe.
d) Le plombier et l'électricien termin... les travaux ce matin.
e) Logan et Sonia vien... nous voir cet après-midi.

★ **621 Recopie les phrases en conjuguant les verbes au présent de l'indicatif.**

a) Dans le ciel cour... de gros nuages gris.
b) Le champion accélèr... l'allure et distanc... ses poursuivants.
c) Sur le bord de la fenêtre refroidi... de petits gâteaux odorants.
d) Dans le tilleul chant... les moineaux.
e) À l'approche de l'hiver s'envol... les hirondelles.

★ **622 Recopie les phrases en conjuguant les verbes au présent de l'indicatif.**

a) Tout en haut de l'arbre, un écureuil saut... de branche en branche.
b) De la brume du matin sort... enfin les cheminées du paquebot.
c) Dans le tiroir de son bureau, Andréa rang... ses cahiers.
d) Sur le calendrier, quelques dates apparai... en gras.
e) Au bord du ruisseau pouss... deux saules magnifiques.

623 Recopie en conjuguant les verbes au présent de l'indicatif.

je te pardonn...	vous lui rend...	je les compliment...
il me parl...	elles nous choisi...	nous le rinç...
nous leur demand...	ils la lav...	je vous interrog...
je les encourag...	tu leur dessin...	vous la cass...
tu me prépar...	elle lui obéi...	il les atten...

624 Recopie en conjuguant les verbes au présent de l'indicatif.

on te soulag...	tu les énerv...	je les appliqu...
tu lui écri...	ils l'appréci...	nous l'ador...
il me soign...	elle les intéress...	elles me gratt...
on les décharg...	vous la quitt...	tu leur offr...
je la pinc...	ils le retourn...	on les compren...

★ **625 Recopie ces phrases en conjuguant les verbes au présent de l'indicatif.**

a) Cette situation ne les arrang... pas.
b) Je leur expliqu... le problème et ils le compren... aisément.
c) Sur les crêtes, les nuages s'amoncell... ; le vent se lèv..., les dissip..., et le ciel se dégag... .
d) Ces chaussures de cuir sembl... de grande qualité ; je te les offr... pour ton anniversaire.
e) Colas et Agathe étudi... leur leçon, puis la récit... à leur mère.

★ **626 Recopie ces phrases en conjuguant les verbes au présent de l'indicatif.**

a) Les pompiers combatt... l'incendie et le maîtris... .
b) Les enfants lav... la vaisselle, l'essui... et la rang... dans le grand buffet.
c) Ces gâteaux sembl... excellents, je te les recommand... .
d) Il me demand... mon stylo et je lui prêt... volontiers.
e) Mon frère et moi, nous lui achet... des fleurs pour sa fête.
f) Le pianiste jou... quelques vieux airs et les accompagn... de sa voix chaude et râpeuse ; les enfants l'écout... et l'admir... . Il les charm... et les enchant... .

★ **627 Recopie ces phrases en conjuguant les verbes au présent de l'indicatif.**

a) L'avion (survoler) une région où (alterner) lacs et forêts.
b) Les deux chiens (jouer) avec une balle. Ils la (mordre), ils se la (disputer), ils (attendre) qu'on la leur (jeter) au fond du jardin.
c) Maman te (donner) de bons conseils : les (écouter)-tu régulièrement ?
d) Mohamed (enregistre) deux fichiers et les (envoyer) au professeur qui (suivre) et (corriger) son travail.
e) Amine et Lorenzo te (connaître) bien.

★ **628 Recopie ces phrases en conjuguant les verbes au présent de l'indicatif.**

a) Le médecin (écouter) ses malades, les (ausculter) et les (rassurer).
b) (Entendre)-tu l'oiseau qui (chanter) dans le cerisier ?
c) J'(entasser) mes achats dans le chariot, puis je les (déposer) à la caisse.
d) Arrivée à la maison, je les (sortir) et les (déballer) dans la cuisine.
e) Sur l'immense panneau mural (clignoter) des dizaines de petites ampoules.
f) Les gardes forestiers (s'approcher) des marais que (recouvrir) un voile de brume.

629 Recopie ces phrases en conjuguant les verbes au présent de l'indicatif.

a) Salades, pommes de terre, carottes, tout (pousser) dans ce jardin.
b) Ces appareils ne lui (convenir) pas et je vous les (rapporter).
c) Directeur, caissières, vendeuses, chacun (s'activer) dans ce magasin !
d) Sophie et Aïcha (recopier) les informations intéressantes de ce livre, puis elles le (ranger) dans la bibliothèque qui (occuper) tout le fond de la salle.
e) Grands sportifs ou simples amateurs, tous (progresser).
f) Voilà qui (sembler) intéressant.
g) La cour (être) étrangement silencieuse : élèves, professeurs, surveillants, personne ne (dire) mot.

630 Recopie ces phrases en conjuguant les verbes à l'imparfait de l'indicatif.

a) La pluie approch... et les moutons se mett... à l'abri.
b) Mon oncle et ma tante m'envo... chaque année une carte d'anniversaire.
c) Ces bouteilles de cidre sembl... périmées.
d) Le berger et son chien regroup... le troupeau.
e) Les branches de l'arbre s'inclin... sous le poids des fruits.

631 Recopie ces phrases en conjuguant les verbes à l'imparfait de l'indicatif.

a) À l'entrée du magasin se ten... le vendeur et son directeur.
b) Des dizaines de photographies recouvr... le bureau de Jamel.
c) Des salles sombres et voûtées se dégag... une étrange impression.
d) Dans la salle d'attente patient... plus de dix personnes.
e) Avec le retour du printemps, enfin, les jours rallong... .

★ **632 Recopie ces phrases en conjuguant les verbes à l'imparfait de l'indicatif.**

a) Gabin (éplucher) les pommes, puis les (couper) en quartiers sur la pâte à tarte.
b) Les livreurs (sortir) la table du camion, puis la (monter) au deuxième étage.
c) Le sommelier (choisir) quelques bouteilles pour ses clients, puis les leur (présenter).
d) Chaque joueur (enlever) ses chaussures, les (brosser), puis les (ranger).
e) Cette carte postale leur (rappeler) les Antilles.
f) Tu lui (donner) un cadeau et il te (remercier).

★ **633 Recopie ces phrases en conjuguant les verbes à l'imparfait de l'indicatif.**

a) Ces comprimés te (soulager) et te (guérir) rapidement.
b) Quand ces tulipes (fleurir), maman les (couper) pour en faire de jolis bouquets qu'elle (mettre) dans des vases.
c) Je leur (offrir) une place de cinéma.
d) Joël (trier) ses photos, puis les (classer) dans son nouvel album.
e) Le pâtissier (préparer) quelques gâteaux et les (glisser) dans le four.
f) Les enfants (choisir) une émission et l'(enregistrer).

★ **634 Recopie ces phrases en conjuguant les verbes à l'imparfait de l'indicatif.**

a) Sur l'écran de l'ordinateur (s'afficher) des messages étonnants.
b) Le chien Dolly et le chat Peska (attendre) le retour de leur maître.
c) Il (secouer) les rideaux et les (replacer) sur les barres.
d) Ce village de vacances nous (proposer) des randonnées à raquettes.
e) Les Meunier (aimer) jouer au tennis, mais le golf est le sport qui les (passionner).
f) Sous la fine couche de neige (lever) déjà quelques fleurs.
g) (Peler)-tu ta pomme avant de la manger ?
h) Les fourmis, attirées par le sucre, (envahir) le placard.

635 Recopie ces phrases en conjuguant les verbes au futur simple.

a) Sur cette place, un cirque (s'installer) demain.
b) Des hommes (monter) un grand chapiteau blanc et vert.
c) Une voiture (sillonner) les rues de la ville.
d) Un haut-parleur nous (avertir).
e) Nous (attendre) avec impatience l'heure du spectacle.
f) Les spectateurs (applaudir) longtemps la grande parade.
g) Le spectacle (réunir) presque tous les enfants du village.

★ **636 Recopie ces phrases en conjuguant les verbes aux temps demandés de l'indicatif.**

a) Léa (enregistrer – présent) deux disques, mais elle ne les (écouter – futur simple) que demain.
b) Le prestidigitateur (battre – imparfait) les cartes, puis les (présenter – imparfait) aux spectateurs.
c) Les scientifiques (observer – imparfait) la baleine et la (filmer – imparfait).
d) Les alpinistes (progresser – présent) lentement sur la paroi, quand, enfin, se dégageant des nuages, (apparaître – présent) le sommet.
e) Louis (être – présent) triste de quitter ses amis, il ne les (revoir – futur simple) pas avant les prochaines vacances.

J'écris...

637 Recopie chaque début de phrase en le complétant avec un verbe et un complément.

Le calendrier des concerts … .
Rose et sa petite sœur … .
J'adore ces émissions, malheureusement, je ne les … .
Adrien, Simon ou Adil, personne ne … .

★ **638 Observe ce petit texte et les contraintes d'écriture auxquelles il obéit.**

Au cirque Babilus

Le dresseur des fauves s'habille en clown.	(sujet avec un complément de nom)
Le lion et le tigre font du trapèze.	(deux sujets singuliers)
Sur la piste dansent les otaries.	(sujet inversé)
Les clowns, perchés sur un fil, jonglent avec des couteaux	(sujet éloigné)
et moi	
je les regarde et je ris.	(le, la, les… devant le verbe)

Sur ce modèle, compose un texte en choisissant un de ces thèmes :

Dans la forêt – Au zoo – À la piscine – Au théâtre

Je travaille seul(e)

corrigé p. 224

★ **639 Recopie ces phrases en conjuguant les verbes au présent de l'indicatif.**

a) Dans le ciel clair (se disperser) les fumées de l'usine.
b) Une troupe de cavaliers (apparaître) à l'horizon.
c) Dans le hall de la mairie (se dresser) deux sculptures en métal recyclé.
d) Alan et Adèle (rendre) visite à leur grand-mère et lui (offrir) une boîte de marrons glacés.
e) Cet hôtel, mentionné dans deux guides touristiques, (proposer) des chambres à des prix intéressants.
f) Le pharmacien (recevoir) de nouveaux médicaments et les (ranger) sur ses étagères.
g) Les journalistes (préparer) une nouvelle émission et l'(enregistrer).
h) Tu (découvrir) tes nouveaux skis et tu les (essayer) avec plaisir.
i) Dans le petit matin (s'élancer) les coureurs.
j) Les canoës, poussés par le courant, (filer) sur la rivière.

Accorder le participe passé utilisé avec l'auxiliaire être ou l'auxiliaire avoir

Aide-mémoire

Le **participe passé** utilisé avec l'auxiliaire **être s'accorde** avec le **sujet**.
Exemple : Ils sont tombés. – Elles sont tombées.

Remarque : Quand le verbe est conjugué avec l'auxiliaire **avoir** + l'auxiliaire **être** utilisé au participe passé (**été**), le participe s'accorde avec le sujet du verbe.
Exemples : Elles ont été rangées. – Ils ont été noircis.

Le **participe passé** utilisé avec l'auxiliaire **avoir ne s'accorde jamais** avec le **sujet**.
Exemple : Les chevaux ont galopé et ont franchi la barrière.

Travail oral

640 **Lis les phrases et justifie la terminaison de chaque participe passé.**

a) Myriam est rentrée du travail.
b) Les animaux sont endormis.
c) L'infirmière est arrivée en retard.
d) Les roses sont fanées.
e) La nuit est tombée.
f) Les chatons sont nés hier.
g) L'assiette est bien garnie.
h) Les lettres sont écrites à la main.

641 **Conjugue au passé composé, avec il et elles. Épelle les terminaisons.**

aller à la piscine
rester à l'ombre
entrer dans le salon
partir de bonne heure
tomber de haut
sortir rapidement

642 **Conjugue ces verbes à la première personne du pluriel du passé composé. Épelle la terminaison du participe passé.**

Exemple : avouer ➤ nous avons avoué.

attendre – manger – deviner – ronfler – croire – rivaliser – boire – sentir

643 **Conjugue les verbes au passé composé. Épelle la terminaison des participes passés.**

a) Les pêcheurs (lancer) leurs lignes.
b) Nous (finir) notre travail.
c) Lise (accompagner) ses amies.
d) Vous (profiter) de mon erreur.
e) Les abricots (mûrir) au soleil.
f) J'(chercher) la meilleure solution.
g) Tu (vérifier) ton résultat.
h) Les serveuses (nettoyer) la table.
i) Mina (gagner) une médaille.
j) Tom et Jasmina (servir) les desserts.

Exercices

644 Mets ces phrases au pluriel.

a) Le match est interrompu.
b) Le joueur est soigné.
c) La pelouse est tondue.
d) Elle était venue.
e) Un but sera marqué.
f) Une nouvelle rencontre est attendue.
g) Le héros sera applaudi.
h) Tu es arrivé à l'heure.
i) La tente était installée à l'endroit convenu.
j) Le volet est agité par le vent.

645 Mets ces phrases au pluriel.

a) Tu es devenu riche.
b) Tu es parti à la patinoire.
c) La bouteille sera remplie.
d) Le champion a été félicité.
e) L'alpiniste avait été surpris par le mauvais temps.
f) La maison a été construite en 1920.
g) Le mandat a été envoyé.
h) Le coup d'envoi a été donné.
i) J'étais arrivé à temps.

646 Recopie ces phrases en écrivant correctement le participe passé des verbes.

a) Les livres sont (ranger) sur l'étagère.
b) La facture est (payer).
c) Cette salle est bien (entretenir).
d) Les volets étaient (fermer).
e) La bouteille était (casser).
f) La porte de la maison était (ouvrir).
g) Ma manche est (découdre).
h) L'émission de 20 h 30 a été (annuler).
i) Nous étions très bien (soigner).

647 Recopie ces phrases en écrivant correctement le participe passé des verbes.

a) Nous avons (choisir) un livre.
b) Gauthier et Aubin avaient (chanter) à la chorale.
c) Elles ont (jouer) ensemble.
d) Nous avions (rougir) en entendant la vérité.
e) J'ai (entendre) la bonne nouvelle.
f) Elle a (observer) les oiseaux du jardin.
g) Vous aviez (répondre) à la question.
h) Ils ont (brosser) leurs vêtements.
i) Élise a (finir) son travail.
j) Vous avez (servir) vos camarades.

648 **Recopie ces phrases en écrivant correctement le participe passé des verbes.**

a) Le champion s'est (échapper) sans être (rejoindre).
b) Cette boutique a été (détruire) par l'explosion.
c) Vos affaires doivent être soigneusement (ranger) dans vos cases.
d) Les places pour le concert ont été (retenir).
e) Elle avait été (admettre) à son examen.
f) Les lettres furent (expédier) à temps.
g) Tous les fichiers ont été (classer) et (archiver) sur des disquettes.
h) La chanteuse fut (applaudir) pour sa prestation.
i) Ma valise a été vite (remplir).

649 **Recopie les phrases en écrivant correctement le participe passé des verbes.**

a) Morgane a (réussir) son examen.
b) Charles et Leïla ont (obtenir) la meilleure note.
c) Les journalistes ont (annoncer) la nouvelle émission.
d) L'orage a (dévaster) le verger.
e) Nous avons (assister) à un concert.
f) Ces fruits n'ont pas (mûrir) au soleil.
g) Les averses ont (rendre) la route glissante.
h) Nous avons (lire) un magazine passionnant.
i) Les jardiniers ont (tailler) les arbres.

650 **Recopie, puis trace toutes les flèches pour faire des phrases correctes.**

L'oiseau est •	• blessé.
L'antilope était •	• blessés.
Les soldats sont •	• blessée.
Nous fûmes •	• blessées.
J'ai été •	

651 **Recopie ces phrases en accordant les participes passés.**

a) L'exploit a été accompli... .
b) Les anciens ordinateurs seront remplacé... par des plus récents.
c) Cette salle est superbement décoré... .
d) Les feux de camp ont été allumé... .
e) La jument fut attaché... .
f) La ville fut englouti... par les eaux.
g) Les gnous étaient poursuivi... par les lionnes.
h) La lande était battu... par le vent.

652 Recopie ces phrases en accordant les participes passés.

a) Les discours sont prononcé... .
b) Mes parents étaient allé... au théâtre.
c) La viande a été découpé... .
d) Ces chaussures sont bien ciré... .
e) Lilian a été reçu... au concours.
f) Ma grand-mère sera dérangé... par tout ce bruit.
g) La scène a été filmé... au Sahara.
h) Les sauveteurs furent accueilli... à bras ouverts.
i) Ces voix sont enregistré... en studio.
j) La leçon a été appri... par cœur.

653 Recopie ces phrases en conjuguant les verbes au passé composé.

a) Les feuilles de l'arbre (tomber).
b) Jérémie et sa sœur (partir).
c) Mistigri et son chaton (rentrer).
d) Les élèves (aller) au parc Astérix.
e) Ma tenue de sport (rester) en classe.
f) Nos deux amies (revenir) de voyage.
g) La plantule (sortir) de terre.
h) Le colis (arriver) hier.

★ **654 Recopie en écrivant correctement les participes passés. Vérifie bien avec quel auxiliaire le verbe est conjugué !**

elles ont (écouter)
ils sont (écouter)
nous avons été (écouter)
elle est (servir)
vous avez (servir)
ils ont été (servir)
vous aviez (observer)
elles ont été (observer)
nous sommes (observer)
ils ont (suivre)
vous aurez (suivre)
elle était (suivre)
nous avons (lancer)
ils ont été (lancer)
vous aviez été (choisir)
elle sera (choisir)
nous avons (lire)
ils avaient (lire)

655 Recopie ces phrases en écrivant correctement les participes passés des verbes. Vérifie bien avec quel auxiliaire le verbe est conjugué !

a) Elles ont (danser) toute la nuit.
b) Ils sont (rester) assis toute la journée.
c) Mathilde a (écouter) un disque.
d) Les étoiles avaient (briller) dans le ciel clair.
e) Noralie est (partir) à l'école.
f) Les enfants ont (dévorer) leur goûter.
g) Nous sommes (retourner) en Bretagne.
h) Lise est (arriver) en retard.
i) Maïka et Maxence avaient (ranger) la maison.
j) Nous étions (équiper) pour une longue course.
k) Tous leurs soucis avaient (disparaître).

★ **656** **Recopie ce texte en écrivant correctement les participes passés.**

La ville d'Athènes est très pollué... parce qu'elle est situé... dans une cuvette, à l'abri du vent et que, du coup, l'air est chargé... en polluants. Des organismes sont mandaté ... pour surveiller les niveaux de pollution. Les enfants sont les plus exposé... car leurs poumons sont fragiles. Dans les villes, la pollution est surtout constitué... d'oxydes d'azote, d'ozone et de poussières. Les automobiles ont envahi... les villes et les gaz d'échappement ont contribué... à l'augmentation de la pollution.

657 **Recopie ces phrases en écrivant correctement les participes passés des verbes. Vérifie bien avec quel auxiliaire le verbe est conjugué !**

a) Enzo et Sarah sont (rester) chez eux.
b) Les informaticiens ont (tester) le nouveau programme.
c) Nous sommes (repartir) aux Antilles.
d) La cuisinière a (préparer) un plat de poisson.
e) Les arbres ont été (déraciner) par la tempête.
f) Les techniciens sont (arriver) en fin de matinée et ont (réparer) les appareils défectueux.
g) Les troupeaux sont (descendre) de la montagne et ont (regagner) les étables.
h) Ils ont (habiter) là plus d'un an.
i) De nombreuses bonnes idées avaient été (donner).
j) L'hiver dernier, beaucoup d'arbres avaient (geler).
k) Ils sont (venir) chez nous l'an dernier.

J'écris...

658 **Écris des phrases avec ces verbes conjugués au passé composé et en utilisant obligatoirement des sujets de la 3e personne du singulier ou du pluriel.**

entrer – arriver – naître – partir – aller

659 **Sur ce modèle : sujet elle ou ils , verbe au passé composé + c.o.d., décris un geste de plusieurs métiers différents.**

Exemple :
Elle a nettoyé la plaie
Ils ont déployé la grande échelle
Elle a nourri les volailles
Elle a aligné les baguettes
Ils ont monté un mur
L'infirmière, les pompiers, la fermière
La boulangère et les maçons.

★ **660** **Écris un texte sur le modèle donné en choisissant l'un des titres suivants :**

Le journal – L'accident – Le match – La randonnée – Le spectacle

L'enquête
Un vol a été commis
Les enquêteurs ont été appelés
Des indices ont été trouvés
Des témoins ont été interrogés
Un suspect a été interpellé
La coupable a été identifiée et arrêtée.

Je travaille seul(e)

corrigé p. 224

661 **Recopie ces phrases en accordant les participes passés.**

a) Ma tante sera servi... la première.
b) Le voleur est surpri... .
c) La mine du crayon était cassé... .
d) Les grains de blé sont broyé... .
e) Les légumes seront cuit... .
f) Nos messages furent entendu... .
g) Les animaux étaient capturé... par l'équipe vétérinaire.
h) Les bouteilles seront rempli... d'eau.
i) Candice est privé... de sortie.
j) Les murs sont pein... de couleurs vives.

662 **Recopie ces phrases en écrivant correctement les participes passés des verbes.**

a) Nous avons (compléter) notre collection de cartes postales.
b) Arnaud a (acheter) des gâteaux qui ont été (dévorer) très rapidement !
c) Quand les fautes sont (avouer), elles sont plus facilement (pardonner).
d) Les serviettes sont (plier), puis (ranger) dans l'armoire de toilette.
e) Ces coureurs ont (démarrer) trop tôt et ont été (rattraper) par le peloton.
f) Ces machines avaient été (réparer) il y a une semaine mais elles sont encore (tomber) en panne !
g) Nous avons (appeler) les pompiers et ceux-ci sont (intervenir) sans délai.

Synthèse 8

663 Recopie en accordant chaque nom avec son déterminant, si c'est nécessaire.

ta (réunion)	quelques (pneu)	chaque (animal)	l'(alouette)
notre (choix)	leur (bijou)	cet (enfant)	des (gaz)
deux (œil)	ces (festival)	vos (genou)	tes (papier)
un (pou)	des (verrou)	cinq (roman)	plusieurs (oiseau)
mes (genou)	les (débat)	leurs (travail)	ta (voix)

664 Écris ces groupes nominaux au pluriel.

un nuage menaçant	un poster géant	une nouvelle distraction
un nez cassé	un bocal plein	un milieu social
un poisson rouge	une coiffe brodée	un tableau lumineux

665 Recopie en accordant chaque adjectif avec les différents groupes nominaux proposés.

a) beau de ... dessins – un ... animal – une ... écriture – de ... aventures
b) artificiel un satellite ... – des parfums ... – une fleur ... – des couleurs ...
c) difficile un programme ... – des exercices ... – une période ... – quelques leçons ...
d) national un hymne ... – des concours ... – une fête ... – des routes ...

666 Recopie ces phrases en accordant les adjectifs qualificatifs.

a) Devant la mairie, les jardiniers (municipal) ont composé de magnifiques massifs (floral).
b) Magali et Mélissa sont (timide) et très peu (démonstratif).
c) Notre (prochain) réunion (officiel) aura lieu dans la (grand) salle qui domine le jardin (public).
d) Pâques est une fête (chrétien), l'Aïd est une fête (musulman), Yom Kippour est une fête (juif).
e) Cette invitation est (personnel) et tout à fait (confidentiel).

667 Recopie ces phrases en accordant les adjectifs qualificatifs.

a) La rue (principal) du village a été inondée par des pluies (torrentiel).
b) Dans ce magasin, fleurs (tropical) et parfums (oriental) invitaient au voyage.
c) Sous la (pâle) clarté de la lune, les pentes (neigeux) prenaient un aspect (mystérieux).
d) La candidate, (anxieux), attendait l'annonce (solennel) des résultats (définitif).
e) Dans les massifs (provençal) se cache notre maison (familial).

★ **668 Recopie ces phrases en accordant chaque adjectif ou participe passé avec le groupe nominal qu'il qualifie.**

a) (Affaibli) par leur longue sortie, les cyclistes ralentissaient l'allure.
b) (Acclamé) par le public, le groupe de musiciens revient sur scène.
c) (Indécis), (incapable) de se décider, les fillettes attendaient encore devant la boulangerie.
d) (Gracieux) et (aérien), les deux artistes (féminin) évoluaient sur un fil tendu.
e) (Naturel) et (pétillant), cette eau (minéral) est appréciée pour ses qualités (digestif).

★ **669 Recopie ces groupes nominaux en accordant les adjectifs qualificatifs.**

a) une journée et une nuit (glacial)
b) des robes et des jupes (noir)
c) un signe et un geste (amical)
d) une amitié et un amour (sincère)
e) un parking et une cour (intérieur)
f) une découverte et une avancée (important)
g) une pensée et une remarque (subtil)
h) un rendez-vous et une réunion (habituel)
i) une tapisserie et un papier (mural)
j) une réunion et un débat (politique)
k) une note et une récompense (inespéré)

★ **670 Dans ce texte, six noms et adjectifs qualificatifs sont mal accordés. Relève-les et corrige-les.**

Le système solaire est le nom donné à notre Soleil avec l'ensemble des objets céleste qui l'accompagnent et gravitent autour de lui. Ceci inclut les planètes, leurs satellite, les comètes, les astéroïdes...
Notre système solaire compte 8 planètes. Elles portent toutes un nom de dieu ou de déesse de la mythologie romaines, sauf la Terre, même si elle est parfois appelée Gaïa. Chaque planète fait le tour du Soleil à un rythme différente. Par exemple, la Terre en fait le tour en 365 jour et 6 heures.

★ **671 Dans ce texte, relève les noms et adjectifs qualificatifs qui sont mal accordés, puis corrige-les.**

La Réserve était immense. Elle s'étendait sur des dizaines et des dizaines de lieue, brousse tantôt courte et tantôt boisé, tantôt savane et tantôt collines et pitons. Et toujours la masse colossale du Kilimandjaro, sommet de ses neiges, veillait sur les espaces brûlants et sauvage. Les bêtes étaient partout. Jamais je n'avais vu galoper autant de zèbres, courir tant d'autruches, bondir tant de gazelles et d'antilope, ni des troupeau de buffles aussi denses, ni de familles de girafes aussi nombreuse.

JOSEPH KESSEL, *Le lion*, © Éditions Gallimard, 2007.

672 Recopie ces phrases en conjuguant les verbes au présent de l'indicatif.

a) Un groupe de touristes photographi... la cathédrale.
b) Ta veste et ton imperméable encombr... le dossier de la chaise.
c) Des millions de flocons de neige virevolt... au-dessus de la plaine.
d) Quelques canards et un couple de cygnes gliss... sur l'étang.
e) Shen et Nolwenn pratiqu... la musculation et la course à pied.
f) Cette formule ne nous arrang... pas.

★ **673 Recopie ces phrases en conjuguant les verbes à l'imparfait de l'indicatif.**

a) Les volets, rongés par la rouille, ne (tenir) plus que par miracle.
b) Tu leur (donner) le renseignement qu'ils te (demander).
c) Le viticulteur (nettoyer) ses vignes et les (préparer) soigneusement pour la saison prochaine.
d) Sous ce massif (serpenter) des rivières souterraines.
e) L'oncle Sylvain (inventer) des histoires et les (raconter) devant ses neveux émerveillés.
f) Sous la toiture nich... quelques hirondelles.
g) Avec ses grimaces et ses facéties, le clown Zaramella surpren... les enfants et les amus... énormément.
h) Jean-Luc achèt... un bouquet de roses et l'offr... à sa femme.

★ **674 Recopie ces phrases en conjuguant chaque verbe au temps demandé de l'indicatif.**

a) Je (rincer – présent) mes lunettes de piscine et je les (glisser – présent) dans mon sac de sport.
b) Quand tu (atteindre – futur simple) le pont sur la rivière, au même instant t'(apparaître – futur simple) les premières maisons du village.
c) Les responsables du chantier (préparer – présent) une déviation et (faire – futur simple) installer, dès demain, la signalisation nécessaire.
d) Il (copier – présent) tous tes fichiers et me les (envoyer – présent).
e) Il y a vingt ans, au cœur de la Papouasie (vivre – imparfait) encore quelques tribus primitives.

675 Recopie, puis trace toutes les flèches pour faire des phrases correctes.

Nous sommes •	• interrogés.
Les feuilles sont •	• a été ouvert.
Le portail •	• allés l'accueillir.
Sarah est •	• enfin arrivée.
Les suspects ont été •	• ramassées.

676 **Recopie ces phrases en accordant les participes passés.**

a) Le mur a été construi... .
b) Les lettres ont été écri... .
c) Ses paroles seront compri... .
d) L'eau a été bu... .
e) La frontière fut franchi... .
f) Les phrases seront tradui... .
g) L'équipe avait été vaincu... .
h) Des erreurs avaient été commi... .
i) Le document sera transmi... .
j) La carte est déplié... .
k) La pelouse est tondu... tous les dimanches.
l) Les estivants étaient enfin arrivé... .

677 **Recopie ces phrases en accordant les participes passés si c'est nécessaire.**

a) Ils ont échangé... leurs livres.
b) Ces livres ont été échangé... .
c) Ils ont taillé... la haie.
d) Ces fleurs sont coupé... par les jardiniers.
e) Les fleurs ont été coupé... par les jardiniers.
f) Les cartons ont été descendu... à la cave.
g) Elles sont descendu... à la cave avec les cartons.
h) Elles ont descendu... les cartons à la cave.
i) Ils ont écri... une carte amusante.
j) La carte a été écri... d'une façon amusante.

678 **Recopie ces phrases en écrivant correctement les participes passés des verbes.**

a) Alex et son père sont (aller) faire les courses.
b) La ville était (abandonner).
c) Les cartes ont été (battre).
d) La boisson est (verser) dans le verre.
e) Les coupables furent (reconnaître).
f) Une erreur a été (commettre).
g) Nous sommes (sortir) à l'heure.
h) Les boulons ont été (serrer) par le mécanicien.
i) Lors des soldes, les boutiques sont (prendre) d'assaut.
j) Cette propriété a été (vendre) pour la somme de 500 000 euros.

679 **Écris de nouvelles phrases en utilisant les sujets proposés.**

a) Un parking a été aménagé.
Une placette ... Des emplacements ... Plusieurs chicanes ...
b) Le documentaire a été primé car il était original.
Les courts-métrages... Ces vidéos ... Cette photographie ...

680 Recopie ces phrases en accordant les participes passés.

a) La promesse a été tenu... .
b) Les clients étaient pressé... .
c) Les hirondelles sont parti... .
d) Les meubles seront livré... .
e) La réunion fut préparé... .
f) Les moutons seront parqué... .
g) La corde a été rompu... .
h) Les fruits avaient été récolté... .
i) La région sera envahi... .
j) Ces articles ont été lu... .
k) Les clés ont été perdu... .
l) La réponse fut écri... .

681 Recopie ces phrases en écrivant correctement les participes passés des verbes.

a) L'eau de la fontaine a (geler) durant la nuit.
b) Après l'exposition canine, la salle sera (désinfecter).
c) La brise a nettement (faiblir), les bateaux sont presque (immobiliser).
d) Nous vous avons (expédier) un colis.
e) Ces lacs sont (situer) dans les Alpes.
f) Les meubles ont été (restaurer) par un antiquaire.
g) En raison de violents orages, ces deux rivières ont (quitter) leur lit.
h) Arnaud a (égarer) ses papiers d'identité.
i) Ces hangars sont (bâtir) sur d'anciennes carrières.
j) Les fiches de renseignements ont été (remplir) avec soin.
k) Cathy avait (enregistrer) un message amusant sur son nouveau répondeur.

682 Recopie ces phrases en écrivant correctement les participes passés des verbes.

a) Les enfants sont (sortir) dans la cour.
b) Charlène a (couper) quelques fleurs dans le jardin.
c) Les mécaniciens ont (réparer) la voiture.
d) Pendant la tempête, plusieurs bateaux avaient (rompre) leurs amarres.
e) Ces chiens ont été (tenir) en laisse.
f) Après le match, les joueurs ont (empiler) leurs maillots sur la table.
g) Nous avons (voir) la tour Eiffel.
h) Les acteurs ont (saluer) le public.
i) Les principaux concurrents sont (partir) les premiers.
j) Toutes les étagères ont été (garnir) de bibelots.

Tableaux de conjugaison

être		
présent	**imparfait**	**futur simple**
je suis	j'étais	je serai
tu es	tu étais	tu seras
il, elle, on est	il, elle, on était	il, elle, on sera
nous sommes	nous étions	nous serons
vous êtes	vous étiez	vous serez
ils, elles sont	ils, elles étaient	ils, elles seront
passé simple	**passé composé**	**plus-que-parfait**
je fus – tu fus	j'ai été – tu as été	j'avais été – tu avais été
il, elle, on fut	il, elle, on a été	il, elle, on avait été
nous fûmes	nous avons été	nous avions été
vous fûtes	vous avez été	vous aviez été
ils, elles furent	ils, elles ont été	ils, elles avaient été
futur antérieur	**impératif présent**	**conditionnel présent**
j'aurai été – tu auras été	sois	je serais – tu serais
il, elle, on aura été		il, elle, on serait
nous aurons été	soyons	nous serions
vous aurez été	soyez	vous seriez
ils, elles auront été		ils, elles seraient

avoir		
présent	**imparfait**	**futur simple**
j'ai	j'avais	j'aurai
tu as	tu avais	tu auras
il, elle, on a	il, elle, on avait	il, elle, on aura
nous avons	nous avions	nous aurons
vous avez	vous aviez	vous aurez
ils, elles ont	ils, elles avaient	ils, elles auront
passé simple	**passé composé**	**plus-que-parfait**
j'eus – tu eus	j'ai eu – tu as eu	j'avais eu – tu avais eu
il, elle, on eut	il, elle, on a eu	il, elle, on avait eu
nous eûmes	nous avons eu	nous avions eu
vous eûtes	vous avez eu	vous aviez eu
ils, elles eurent	ils, elles ont eu	ils, elles avaient eu
futur antérieur	**impératif présent**	**conditionnel présent**
j'aurai eu – tu auras eu	aie	j'aurais – tu aurais
il, elle, on aura eu		il, elle, on aurait
nous aurons eu	ayons	nous aurions
vous aurez eu	ayez	vous auriez
ils, elles auront eu		ils, elles auraient

aller

présent	imparfait	futur simple
je vais	j'allais	j'irai
il, elle, on va	il, elle, on allait	il, elle, on ira
vous allez	vous alliez	vous irez
ils, elles vont	ils, elles allaient	ils, elles iront
passé simple	**passé composé**	**plus-que-parfait**
j'allai	je suis allé(e)	j'étais allé(e)
il, elle, on alla	il, elle, on est allé(e)	il, elle, on était allé(e)
ils, elles allèrent	ils, elles sont allé(e)s	ils, elles étaient allé(e)s
futur antérieur	**impératif présent**	**conditionnel présent**
je serai allé(e)	va	j'irais
il, elle, on sera allé(e)	allons	il, elle, on irait
ils, elles seront allé(e)s	allez	ils, elles iraient

dire

présent	imparfait	futur simple
je dis	je disais	je dirai
il, elle, on dit	il, elle, on disait	il, elle, on dira
vous dites	vous disiez	vous direz
ils, elles disent	ils, elles disaient	ils, elles diront
passé simple	**passé composé**	**plus-que-parfait**
je dis	j'ai dit	j'avais dit
il, elle, on dit	il, elle, on a dit	il, elle, on avait dit
ils dirent	ils, elles ont dit	ils, elles avaient dit
futur antérieur	**impératif présent**	**conditionnel présent**
j'aurai dit	dis	je dirais
il, elle, on aura dit	disons	il, elle, on dirait
ils, elles auront dit	dites	ils, elles diraient

faire

présent	imparfait	futur simple
je fais	je faisais	je ferai
il, elle, on fait	il, elle, on faisait	il, elle, on fera
vous faites	vous faisiez	vous ferez
ils, elles font	ils, elles faisaient	ils, elles feront
passé simple	**passé composé**	**plus-que-parfait**
je fis	j'ai fait	j'avais fait
il, elle, on fit	il, elle, on a fait	il, elle, on avait fait
ils firent	ils, elles ont fait	ils, elles avaient fait
futur antérieur	**impératif présent**	**conditionnel présent**
j'aurai fait	fais	je ferais
il, elle, on aura fait	faisons	il, elle, on ferait
ils, elles auront fait	faites	ils, elles feraient

partir

présent	imparfait	futur simple
je pars	je partais	je partirai
il, elle, on part	il, elle, on partait	il, elle, on partira
ils, elles partent	ils, elles partaient	ils, elles partiront
passé simple	**passé composé**	**plus-que-parfait**
je partis	je suis parti(e)	j'étais parti(e)
il, elle, on partit	il, elle, on est parti(e)	il, elle, on était parti(e)
vous partîtes	vous êtes parti(e)s	vous étiez parti(e)s
ils, elles partirent	ils, elles sont parti(e)s	ils, elles étaient parti(e)s
futur antérieur	**impératif présent**	**conditionnel présent**
je serai parti(e)	pars	je partirais
il, elle, on sera parti(e)	partons	il, elle, on partirait
ils, elles seront parti(e)s	partez	ils, elles partiraient

pouvoir

présent	imparfait	futur simple
je peux	je pouvais	je pourrai
il, elle, on peut	il, elle, on pouvait	il, elle, on pourra
ils, elles peuvent	ils, elles pouvaient	ils, elles pourront
passé simple	**passé composé**	**plus-que-parfait**
je pus	j'ai pu	j'avais pu
il, elle, on put	il, elle, on a pu	il, elle, on avait pu
nous pûmes	nous avons pu	nous avions pu
ils purent	ils, elles ont pu	ils, elles avaient pu
futur antérieur	**impératif présent**	**conditionnel présent**
j'aurai pu		je pourrais
il, elle, on aura pu		il, elle, on pourrait
ils, elles auront pu		ils, elles pourraient

prendre

présent	imparfait	futur simple
je prends	je prenais	je prendrai
tu prends	tu prenais	tu prendras
il, elle, on prend	il, elle, on prenait	il, elle, on prendra
ils, elles prennent	ils, elles prenaient	ils, elles prendront
passé simple	**passé composé**	**plus-que-parfait**
je pris	j'ai pris	j'avais pris
il, elle, on prit	il, elle, on a pris	il, elle, on avait pris
ils prirent	ils, elles ont pris	ils, elles avaient pris
futur antérieur	**impératif présent**	**conditionnel présent**
j'aurai pris	prends	je prendrais
il, elle, on aura pris	prenons	il, elle, on prendrait
ils, elles auront pris	prenez	ils, elles prendraient

venir

présent	imparfait	futur simple
je viens	je venais	je viendrai
il, elle, on vient	il, elle, on venait	il, elle, on viendra
ils, elles viennent	ils, elles venaient	ils, elles viendront
passé simple	**passé composé**	**plus-que-parfait**
je vins	je suis venu(e)	j'étais venu(e)
il, elle, on vint	il, elle, on est venu(e)	il, elle, on était venu(e)
vous vîntes	vous êtes venu(e)s	vous étiez venu(e)s
ils, elles vinrent	ils, elles sont venu(e)s	ils, elles étaient venu(e)s
futur antérieur	**impératif présent**	**conditionnel présent**
je serai venu(e)	viens	je viendrais
il, elle, on sera venu(e)	venons	il, elle, on viendrait
ils, elles seront venu(e)s	venez	ils, elles viendraient

voir

présent	imparfait	futur simple
je vois	je voyais	je verrai
il, elle, on voit	il, elle, on voyait	il, elle, on verra
nous voyons	nous voyions	nous verrons
ils, elles voient	ils, elles voyaient	ils, elles verront
passé simple	**passé composé**	**plus-que-parfait**
je vis	j'ai vu	j'avais vu
il, elle, on vit	il, elle, on a vu	il, elle, on avait vu
ils virent	ils, elles ont vu	ils, elles avaient vu
futur antérieur	**impératif présent**	**conditionnel présent**
j'aurai vu	vois	je verrais
il, elle, on aura vu	voyons	il, elle, on verrait
ils, elles auront vu	voyez	ils, elles verraient

vouloir

présent	imparfait	futur simple
je veux	je voulais	je voudrai
il, elle, on veut	il, elle, on voulait	il, elle, on voudra
vous voulez	vous vouliez	vous voudrez
ils, elles veulent	ils, elles voulaient	ils, elles voudront
passé simple	**passé composé**	**plus-que-parfait**
je voulus	j'ai voulu	j'avais voulu
il, elle, on voulut	il, elle, on a voulu	il, elle, on avait voulu
ils voulurent	ils, elles ont voulu	ils, elles avaient voulu
futur antérieur	**impératif présent**	**conditionnel présent**
j'aurai voulu	veux (veuille)	je voudrais
il, elle, on aura voulu	voulons	il, elle, on voudrait
ils, elles auront voulu	voulez (veuillez)	ils, elles voudraient

9 a) Lorsque la citerne sera remplie, il faudra la **vider**.
c) Le présentateur du journal a **commenté** ce match de rugby.
e) Pourquoi m'as-tu donné un **médicament** (par exemple) ?
g) La semaine dernière, Maxence m'a offert **ses rollers** (par exemple).

10 a) pensions – arriveriez
c) faut d) fonctionne e) sont
h) viendrons – téléphonerons

18 **Trois phrases simples :**
– Et puis, une nuit, la Vomille est venue.
– J'ai ouvert les yeux.
– Elle posait sur moi un drôle de regard attentif et gourmand.

Deux phrases complexes :
– Alors la Vomille a léchouillé ses grosses lèvres violettes, puis elle s'est lentement faufilée sous mon drap.
– J'avais beau essayer de la repousser avec mes pieds, elle continuait de me ramper dessus.

24 **Deux phrases simples :**
– M. Hoppy habitait un petit appartement, situé tout en haut d'un grand immeuble de béton.
– M. Hoppy avait deux passions dans la vie.

Une phrase complexe composée de deux propositions :
– La seconde passion de M. Hoppy était un secret qu'il gardait au plus profond de son cœur.

Une phrase complexe composée de trois propositions :
– Il avait toujours été un homme solitaire, et maintenant qu'il avait pris sa retraite, il était plus seul que jamais.

33 a) coordonnés b) coordonnées
c) coordonnées d) coordonnées
g) juxtaposées h) coordonnées

43 a) déclarative b) injonctive
c) déclarative d) déclarative
e) interrogative f) déclarative
g) injonctive

44 a) Chloé ne tient pas sa fourchette dans la main gauche.
b) Ne ferme pas ton livre.
c) Le skieur français n'a pas battu les meilleurs skieurs autrichiens.
d) Ma grande sœur ne s'est pas mariée.
e) Pourquoi n'avez-vous pas sonné ?
f) La tempête n'a pas détruit les récoltes.
g) Ne vous installez pas près de la fenêtre.

63 a) Je ne vois personne dans la cour.
b) Ne m'envoie pas de carte postale.
c) Harry n'a pas encore attrapé de rhume.
d) Nous n'avons jamais de problème pour fermer cette fenêtre.
e) Il n'y a pas plein de poissons dans le bassin.

82 a) Nous apprendrons à utiliser la boussole ?
Apprendrons-nous à utiliser la boussole ?
Est-ce que nous apprendrons à utiliser la boussole ?
b) Nous ne sommes que des amateurs ?
Ne sommes-nous que des amateurs ?
Est-ce que nous ne sommes que des amateurs ?
c) Je prends la route qu'il m'a indiquée ?
Est-ce que je prends la route qu'il m'a indiquée ?
On ne peut pas dire Prends-je...
d) Ils seront les premiers servis ?
Seront-ils les premiers servis ?
Est-ce qu'ils seront les premiers servis ?

83 a) Qui a acheté les billets d'entrée ?
b) Combien coûte ce pain au chocolat ?
c) Quel âge a ta grand-mère ?
d) Avec qui as-tu joué au tennis ?
e) Que prépare-t-il ?

91 e) Lisez attentivement les cinq premières phrases.
g) Avant de vendre vote voiture, attendez une nouvelle proposition.
h) Avec ce brouillard, conduis avec prudence.

92 a) Ne circulez pas en vélo.
b) Ne vous penchez pas à la fenêtre.
c) Ne courez pas au bord de la piscine.
d) Ne campez pas sous les arbres.
e) Ne cueillez pas de fleurs.

103 a) la stupéfaction b) le dégoût
c) une mise en garde d) l'admiration
e) l'impatience f) la surprise

★ **104** « ... il est parti **?**
– ...Qu'il aille au diable **!**
– Et son vélo **?**
– ... tout ça devait arriver **!**
– Qu'allons-nous faire maintenant **?**
– Je ne sais pas**.**
Thomas regarda par la fenêtre**.**
– Et puis, tant pis **!** Je crois que maintenant la seule chose à faire est d'attendre**.**
– ... oui ! Alors, ... Attendons **!** »

113 a) pronom relatif **qui**.
c) pronom relatif **que**.
e) pronom relatif **qui**.

139 a) **poulailler** car c'est un nom et les autres mots sont des verbes.
b) **sagesse** car c'est un nom et les autres mots sont des adjectifs qualificatifs.
c) **vraiment** car c'est un adverbe et les autres mots sont des noms.
d) **ma** car c'est un déterminant possessif et les autres mots sont des pronoms personnels.

140 blanc : adjectif qualificatif
traits : nom commun
désagréables : adjectif qualificatif
tannée : adjectif qualificatif
figure : nom commun
mendiants : nom commun
haillons : nom commun
lambeaux : nom commun
extraordinaire : adjectif qualificatif
arlequin : nom commun
divers : adjectif qualificatif
bizarre : adjectif qualificatif
cuivre : nom commun
lien : nom commun
filin : nom commun
solide : adjectif qualificatif
accoutrement : nom commun

153 a) salle : nom commun, féminin, singulier.
gymnase : nom commun, masculin, singulier.
Brioude : nom propre, féminin, singulier.
b) Brière : nom propre, féminin, singulier.
marais : nom commun, masculin, pluriel.
lieu : nom commun, masculin, singulier.
vie : nom commun, féminin, singulier.
espèces : nom commun, féminin, pluriel.
oiseaux : nom commun, masculin, pluriel.
c) buffet : nom commun, masculin, singulier.
restaurant : nom commun, masculin, singulier.
choix : nom commun, masculin, singulier.
d) itinéraire : nom commun, masculin, singulier.
curiosités : nom commun, féminin, pluriel.
paysages : nom commun, masculin, pluriel.
Bourgogne : nom propre, féminin, singulier.

154 Poil de Carotte : nom propre, masculin, singulier.
lit : nom commun, masculin, singulier.
savon : nom commun, masculin, singulier.
auge : nom commun, féminin, singulier.

jardin : nom commun, masculin, singulier.
glace : nom commun, féminin, singulier.
exercice : nom commun, masculin, singulier.
corps : nom commun, masculin, singulier.
chaleur : nom commun, féminin, singulier.
poêles : nom commun, masculin, pluriel.
figure : nom commun, féminin, singulier.
toilette : nom commun, féminin, singulier.
gros : nom commun, masculin, singulier.

166 marchait : marcher
balançait : balancer
progressait : progresser
apercevait : apercevoir
arriva : arriver
parvint : parvenir
s'étalaient : s'étaler
resta : rester
regagna : regagner

180 **les** voitures : article défini
ces inconnus : déterminant démonstratif
le fouillis : article défini
la circulation : article défini
ce manège : déterminant démonstratif
la pente : article défini
une rampe : article indéfini
une rue : article indéfini
son rétroviseur : déterminant possessif

194 **Souligner :**
a) tropicale, chaude.
b) brûlant.
c) sauvages, grand, torrentielles.
d) nouveau, tendre.
e) rares, normale.

195 **Impossible :**
– un double cornet de glace ;
– la fille aînée ;
– un triple saut ;
– mon dessert favori.

206 descendu (descendre)
travaillé (travailler)
arrivé (arriver)
voulu (vouloir)
piétiné (piétiner)
eu (avoir)
poussé (pousser)
demandé (demander)
fait (faire)
pris (prendre)
dit (dire)
réussi (réussir)
parlé (parler)
failli (faillir)

211 a) Elle, nous, le nôtre.
b) nous, vous, lui
c) le mien
d) Tu, qui
e) Lequel, vous

212 dont : un animal invertébré
ils : les crustacés
lesquelles : des pattes
ils : les crustacés
qui : un violent coup de queue
les : le homard ou la crevette

223 a) je : sujet du verbe envoyer ;
t' : complément du verbe envoyer ;
moi : complément du verbe écrire.
b) Il : sujet du verbe témoigner ;
lui : complément du verbe envoyer.
c) les : complément du verbe conserver.
d) Vous : sujet du verbe laver ;
vous : complément du verbe laver.
e) Ils : sujet du verbe observer ;
l' : complément du verbe imiter.
f) nous : complément du verbe coûter.

★ **224** a) Déterminant possessif.
b) Pronom personnel. Mon cousin est en vacances ; nous lui dirons de passer nous voir.
c) Pronom personnel. Il s'est montré désagréable, mais je ne lui en veux pas.
d) Déterminant possessif.
e) Pronom personnel. Adrien veut traverser ; donne-lui la main.
f) Déterminant possessif.

235 a) celle : l'exposition de peinture
b) le tien : pronom possessif ; ton prénom
c) ceux : les gens
d) celle-ci : cette haie-ci
e) ceux : les exercices
f) celles : les craies
g) les leurs : pronom possessif ; leurs textes

236 a) voiture b) endroit
c) moi d) personne
e) cahier rouge f) murs
g) pays h) raquette

246 a) méchamment : modifie le verbe ; parfois : modifie l'adverbe méchamment.
b) rapidement : modifie le verbe ; trop : modifie l'adverbe rapidement.
c) habituellement : modifie le verbe.
d) ne ... jamais : modifie le verbe.
e) régulièrement : modifie le verbe.

252 a) mais b) et c) donc d) car
e) ou

263 **Souligner** : sur, sur, entre, dans, dans, de, de, en, depuis, de.

264 a) <u>par</u> la porte : c. c. de manière ;
<u>de</u> derrière : c. de nom.
b) <u>sans</u> autorisation : c. c. de manière.
c) <u>dans</u> une boule : c. c. de lieu ;
<u>de</u> cristal : c. de nom.
d) <u>en</u> montagne : c. c. de lieu ;
<u>pendant</u> l'hiver : c. c. de temps.

294 régions : nom commun
cuisine : verbe
on : pronom personnel
différents : adjectif qualificatif
Chaque : déterminant indéfini
ses : déterminant possessif
Italie : nom propre
cuisine : nom commun
épice : verbe
Japonais : nom propre
apprécient : verbe
épice : nom commun
le : article défini
paella : nom commun
espagnole : adjectif qualificatif

303 a) Les tables étaient dressées ; Les tables présentaient.
b) Une péniche glisse ; les vieilles maisons à colombages se reflètent.
c) Un journal quotidien présente ; un journal quotidien commente.
d) vous donnez ; Les raisons sont.
e) Le sous-préfet, le commandant de gendarmerie et le capitaine des pompiers attendaient.

312 a) Au XIIIe siècle : c. circonstanciel ; les universités : c. essentiel.
b) les centres nerveux et les nerfs : c. essentiel.
c) Le 4 octobre 1957 : c. circonstanciel ; le premier satellite artificiel : c. essentiel.
d) Pour traiter une maladie : c. circonstanciel ; les traitements médicaux et les traitements chirurgicaux : c. essentiel.
e) en raison d'une mer déchaînée et d'un vent tempétueux : c. circonstanciel.

313 un livre : c. essentiel
la berlue : c. essentiel
Pendant cinq minutes : c. circonstanciel
dans les rayonnages : c. circonstanciel
Les yeux fermés : c. circonstanciel
en silence : c. circonstanciel
Subitement : c. circonstanciel
un p'tit bouquin : c. essentiel
les pages du milieu : c. essentiel
une paille : c. essentiel
du jus d'orange et des glaçons : c. essentiel

329

Tu <u>peux</u> ajouter un c.o.d. après le verbe.	Tu <u>dois</u> ajouter un c.o.d. après le verbe.	Il est <u>impossible</u> d'ajouter un c.o.d.
c) ; d) ;	a) ; e) ; g) ; h) ;	b) ; f) ; i)

★ **330** a) Son sac de sport, Agathe le prépare avant le tournoi de samedi.
b) Sa chambre, Jean-Baptiste la range avant le retour de sa maman.
c) Les vitres de sa véranda, monsieur Fontaine les nettoie presque chaque samedi.
d) Des informations, Lilia en a trouvé sur Internet, pour son exposé.
e) Le chanteur, le public l'a acclamé dès le début du spectacle.

339 a) à la dépense : c.o.i
b) un médecin : c.o.d. ; cette toux : c.o.d.
c) le projet de la nouvelle école : c.o.d.
d) de l'accordéon : c.o.i.
e) à mon projet : c.o.i.

★ **340** a) des vivres : c.o.d. ;
aux populations sinistrées : c.o.s.
b) un vieil album de photos : c.o.d. ;
à ses enfants : c.o.s.
c) à apprendre les échecs : c.o.i.
d) un peu de patience : c.o.d.
e) un repas : c.o.d. ;
aux responsables d'association : c.o.s.

358 a) la nuit : c. circonstanciel de temps ; en raison de la chaleur écrasante au cours de la journée : c. circonstanciel de cause.
b) à l'aide de grands filets : c. circonstanciel de manière.
c) parce qu'il ne connaît rien à l'informatique : c. circonstanciel de cause.
d) La prochaine fois : c. circonstanciel de temps.
e) sur la plaine : c. circonstanciel de lieu ;
avec fureur : c. circonstanciel de manière.
f) En raison de la grève des transports : c. circonstanciel de cause.
g) Afin de ne pas vous perdre : c. circonstanciel de cause.

384 **Attributs du sujet :**
un bon menuisier, heureux, immobile.

385 **Quatre attributs du sujet :**
énervé – essoufflée – difficile – un malin

395 a) froid, tranquille : épithète du nom.
b) bruyante : épithète du nom ;
commerçante : attribut du sujet.
c) pittoresque, petit, montagnard : épithète du nom ;
perdu : attribut du sujet.
d) jolie : épithète du nom ;
située : attribut du sujet.
e) petit, malicieux, adroit : épithète du nom.
f) épais : épithète du nom ;
présent : attribut du sujet.
g) appétissante : attribut du sujet.
h) vieille : épithète du nom ;
spacieuse : attribut du sujet

407 a) La machine à (laver) est tombée en panne.
b) L'avenue des (Champs-Élysées) est une très belle avenue.
c) Après le violent orage de (grêle), le beau temps est revenu.
d) L'archipel (des Éoliennes) se situe au large de la Sicile.
e) Tu nous racontes des histoires à (dormir debout).
f) Le plus haut sommet (du Jura) est le crêt (de la Neige).
g) Le badminton est un sport (d'intérieur).

420 un chéquier postal
un arbuste fruitier
une plage sableuse
un geste prudent
une poussée fiévreuse
un geste sympathique
la construction navale
un désert australien
une table roulante
un paysage campagnard
un rire enfantin
un sport montagnard

435 ils saluent : saluer – 1er groupe – 3e personne du pluriel
tu saisis : saisir – 2e groupe – 2e personne du singulier
elles refroidissent : refroidir – 2e groupe – 3e personne du pluriel
il court : courir – 3e groupe – 3e personne du singulier
nous replions : replier – 1er groupe – 1re personne du pluriel
vous fuyez : fuir – 3e groupe – 2e personne du pluriel
je remplis : remplir – 2e groupe – 1re personne du singulier
tu sais : savoir – 3e groupe – 2e personne du singulier
ils prennent : pouvoir – 3e groupe – 3e personne du pluriel
nous lançons : lancer – 1er groupe – 1re personne du pluriel

445 a) Le chien **remue** les oreilles et **s'allonge** sur le tapis.
b) Les feuilles jaunies **parsèment** ...
c) Nous **commençons** notre année ...
d) Swann **s'ennuie** et **baille** beaucoup.
e) Le boucher **ficelle** la viande.
f) Les artistes **créent** toujours ...
g) La cuisinière **délaie** (**délaye**) ...
h) Nous **traçons** un cercle ...
i) Nous **interrogeons** un passant et il nous **indique** la bonne route.
j) Dans la brume, les marins **distinguent** à peine la côte.

460 a) Le soleil **éblouit** le conducteur.
b) L'averse **rafraîchit** la température.
c) La pie **bâtit** son nid.
d) La vache **mugit** dans le pré.
e) La sauce **épaissit** ...
f) Un panneau nous **avertit** du danger.
g) Les manifestants **se réunissent** ...
h) Un chevreuil **surgit** du bois.
i) L'abat-jour **adoucit** la lumière.
j) Constance **guérit** doucement.

461 a) Tu **descends** l'escalier ...
b) Le professeur **instruit** les élèves.
c) Vous **faites** ... vous le **voulez** bien.
d) Marie **promet** d'être à l'heure ...
e) Je **tonds** la pelouse.
f) Tu **vas** au restaurant ...
g) Le soleil **disparaît** à l'horizon.
h) Le bûcheron **fend** la souche.
i) Madame Roussel **conduit** ...
j) Ces légumes **cuisent** à feu doux.
k) Nous **connaissons** la fin du film.

472 Nous **déménagions**. Papa **était** sur les dents, maman sur les nerfs, moi je **passais** mon temps sur le derrière : je me **faisais** bousculer quand les déménageurs **montaient** le buffet ...
Papa **s'impatientait** :
– ...
Puis il **redescendait** chercher un carton.
...
Je **suivais** le mouvement ..., ces recoins ne me **disaient** rien.
Je ne **savais** pas encore si j'**allais** aimer cette nouvelle maison que mes parents **venaient** d'acheter.

484 Les hommes se **glisseront** le long du bois ; ils **marcheront** avec précaution, mais vite ; les ânes, qui **chercheront** l'ombre, **brouteront** de l'herbe près de la lisière du bois. À un signal donné, chacun des voleurs **prendra** un des ânes par la bride et l'**attirera** dans le fourré. Ces ânes, au lieu de résister, se **laisseront** emmener comme des imbéciles. Cinq minutes après, les voleurs **arriveront** au fourré qui se **trouvera** au pied de l'arche. On **fera** entrer mes camarades un à un dans les broussailles, où ils **disparaîtront**.

498 Le garçon **hésita** – il **se dit** – il **préféra** – Il **s'éloigna** – Hans **demanda** – on **indiqua** – Il **prit** – il **gagna** – Il n'**eut** – Hans **tendit** – Frida (qui) **parcourut** et **parut**.

508 Durant la troisième nuit la neige **cessa** de tomber, mais Aaron n'**osa** pas encore chercher son chemin vers la maison, dans l'obscurité. Le ciel bientôt **était** devenu clair et la lune **brillait**, jetant des filets d'argent sur la neige. Aaron se **glissa** dehors et **contempla** le monde autour de lui. Il **était** tout blanc, calme, plongé dans des rêves de splendeur céleste. Les étoiles **étaient** énormes et toutes proches. La lune **nageait** dans le ciel comme dans une mer.

★ **522** **Temps simple** : était /être – représentait/représenter – avait/avoir – faisait/faire – ressemblait / ressembler
Temps composé : aurait dit / dire – avait rendue / rendre – avais cru / croire – ai ressenti / ressentir

532 a) Le sculpteur **a manié** habilement le ciseau à bois.
b) Nous nous **sommes exercé(e)s** au lancement du javelot.
c) Mamie **a fariné** le moule à gâteau.
d) Les marins **ont évacué** le navire.
e) Les jardiniers **ont désherbé** le massif de fleurs.
f) Léa **a pâli** en entendant la nouvelle.
g) Le TGV **est arrivé** à l'heure.
h) Les promeneurs **ont aperçu** le clocher du village.
i) Sur la plage, les enfants **ont collecté** les déchets.
j) J'**ai fini** de vernir ce meuble.

545 Dès que les passants **auront jeté** les miettes de pain, les pigeons apparaîtront.
Dès que les passants **ont jeté** les miettes de pain, les pigeons apparaissent.
Dès que les passants **avaient jeté** les miettes de pain, les pigeons apparaissaient.
Nous préparerons le bouquet, lorsque tu **auras cueilli** les différentes fleurs.
Nous préparons le bouquet, lorsque tu **as cueilli** les différentes fleurs.
Nous préparions le bouquet, lorsque tu **avais cueilli** les différentes fleurs.
Quand il avait longuement feuilleté les albums, il les **refermait**.
Quand il aura longuement feuilleté les albums, il les **refermera**.
Quand il a longuement feuilleté les albums, il les **referme**.

555 a) N'**oublie** pas ...
b) Pour ton montage, **utilise** ...
c) **Soyez** attentifs aux remarques du professeur.
d) Malgré notre désir de parler, n'**intervenons** pas.
e) Au restaurant, **sachez** vous tenir correctement.
f) Pour être à l'heure, **aies** toujours un œil sur ta montre !
g) Pour la nouvelle année, **écris** ou **envoie** un e-mail à ton oncle.
h) **Lève**-toi de bonne heure pour ton examen.

565 Parcourir toutes les mers du monde, escalader toutes les montagnes, rencontrer tous les peuples... Si cela était possible, quel plaisir j'aurais, car je remplirais ma vie de moments inoubliables. Aujourd'hui, assis à mon bureau d'écolier, je ne sais pas si je traverserai un seul océan, mais je sens déjà une chose : il faut aller au bout de ses rêves.

★ **566** a) Si tu mangeais de la soupe, tu ne **grandirais** pas davantage !
b) Si je lisais davantage, je **connaîtrais** plus de choses.
c) Si elles **portaient** un sac à dos moins lourd, elles marcheraient plus vite.
d) Si le public connaissait mieux cette chanson, il l'**apprécierait** sûrement.
e) Steve **irait** à la piscine si sa mère le permettait.

574 bousculer : bousculant – bousculé
refuser : refusant – refusé
instruire : instruisant – instruit
balayer : balayant – balayé
avertir : avertissant – averti
rendre : rendant – rendu
devoir : devant – dû
lire : lisant – lu
déranger : dérangeant – dérangé
surprendre : surprenant – surpris
complimenter : complimentant – complimenté
dire : disant – dit
louer : louant – loué
mettre : mettant – mis
manger : mangeant – mangé

589 cinq navire**s** – des bijou**x** de pacotille – aux souverain**s** d'Asie – Les voyageur**s** – plusieurs reprise**s**

615 a) De lourd**s** nuages s'amoncelaient et annonçaient une soirée pluvieu**se**.
b) Cette petit**e** pièce est essentiel**le** à l'équilibre de ma construction.
c) Les gâteaux cuit**s** seront sorti**s** du four, puis démoulé**s** sur une plaque.
d) Les deux alpinistes fatigué**s** mais heureux arrivaient enfin sur l'arête la plus haut**e**.
e) Au centre de l'église, quatre fort**s** piliers de pierre supportent le clocher octogonal.

★ **616** a) Ces pêches juteu**ses** sont délicieu**ses**.
b) Le gâteau et la brioche parfumé**s** embaumaient la cuisine.
c) Étourdi**e** par sa chute, la cavalière débutant**e** se releva avec peine.
d) Nous débarrassons la maison d'un fauteuil et d'une chaise cassé**s**.
e) Les pierres chauff**ées** par le soleil roulaient sous les pieds mal chaussé**s** des touristes imprudent**s**.

★ **639** a) Dans le ciel clair **se dispersent** les fumées de l'usine.
b) Une troupe de cavaliers **apparaît** ...
c) Dans le hall de la mairie **se dressent** deux sculptures en métal recyclé.
d) Alan et Adèle **rendent** visite à leur grand-mère et lui **offrent** une boîte de marrons glacés.
e) Cet hôtel ... **propose** des chambres à des prix intéressants.
f) Le pharmacien **reçoit** de nouveaux médicaments et les **range** ...
g) Les journalistes **préparent** une nouvelle émission et l'**enregistrent**.
h) Tu **découvres** tes nouveaux skis et tu les **essaies** (**essayes**) avec plaisir.
i) ... **s'élancent** les coureurs.
j) Les canoës, ..., **filent** sur la rivière.

661 a) Ma tante sera servi**e** ...
b) Le voleur est surpri**s**.
c) La mine du crayon était cass**ée**.
d) Les grains de blé sont broyé**s**.
e) Les légumes seront cui**ts**.
f) Nos messages furent entendu**s** .
g) Les animaux étaient capturé**s** ...
h) Les bouteilles seront rempli**es** d'eau.
i) Candice est privé**e** de sortie.
j) Les murs sont pein**ts** ...

662 a) Nous avons **complété** notre collection de cartes postales.
b) Arnaud a **acheté** des gâteaux qui ont été **dévorés** très rapidement !
c) Quand les fautes sont **avouées**, elles sont plus facilement **pardonnées**.
d) Les serviettes sont **pliées**, puis **rangées** dans l'armoire de toilette.
e) Ces coureurs ont **démarré** trop tôt et ont été **rattrapés** par le peloton.
f) Ces machines avaient été **réparées** il y a une semaine mais elles sont encore **tombées** en panne !
g) Nous avons **appelé** les pompiers et ceux-ci sont **intervenus** sans délai.

Achevé d'imprimer en Espagne par Orymu
Dépôt légal : mars 2014 - Collection n° 03 - Edition 03
11/7612/2